中国工运通史

财贸轻纺烟草工会卷

中国财贸轻纺烟草工会 编

中国工人出版社

图书在版编目（CIP）数据

中国工运通史．财贸轻纺烟草工会卷 / 中国财贸轻纺烟草工会编．-- 北京：中国工人出版社，2025. 4.

ISBN 978-7-5008-8703-4

Ⅰ．K261.3

中国国家版本馆 CIP 数据核字第 2025G0U222 号

中国工运通史 财贸轻纺烟草工会卷

出 版 人	董　宽
项目统筹	蒋佩轩
责任编辑	董芳璐
流程编辑	李若昕
责任校对	张　彦
责任印制	栾征宇
封面设计	久品轩
出版发行	中国工人出版社
地　　址	北京市东城区鼓楼外大街45号　邮编：100120
网　　址	http://www.wp-china.com
电　　话	（010）62005043（总编室） （010）62005039（印制管理中心）
发行热线	（010）82029051　62383056
经　　销	各地书店
印　　刷	北京盛通印刷股份有限公司
开　　本	710毫米×1000毫米　1/16
印　　张	12.75
字　　数	170千字
版　　次	2025年4月第1版　2025年4月第1次印刷
定　　价	134.00元

《中国工运通史 财贸轻纺烟草工会卷》
编 委 会

前　言

百年工运，波澜壮阔，见证了中国工人阶级在中国共产党的领导下，为民族独立、国家富强和人民幸福而不懈奋斗的光辉历程。值此中华全国总工会成立100周年之际，编撰出版《中国工运通史 财贸轻纺烟草工会卷》，既是对百年红色工运的深情回望，更是对新时代产业工人接续奋斗的庄严召唤。

翻开这部凝聚着血火淬炼与时代芳华的历史长卷，财贸轻纺烟草产业广大职工始终自觉接受党的领导、站在时代前列，以主人翁的姿态投身革命、建设和改革，用勤劳和智慧书写了感人至深的奋斗史，共同勾勒出中国工人阶级在党的领导下，以产业报国为己任，以劳动创造为底色，在民族复兴征程中镌刻的壮丽篇章。

新民主主义革命时期，在近代以来中国工人阶级产生发展壮大的基础上，财贸轻纺烟草产业职工在民族危机和社会压迫下觉醒，成为工人运动的重要力量。在五四运动、五卅运动等声势浩大的工人运动中，展示了中国工人阶级的强大力量和斗争精神；在北伐战争、土地革命战争、全民族抗日战争、解放战争时期，积极支持革命斗争，坚持自力更生和发展经济保障供给，为夺取新民主主义革命胜利作出了重要贡献。

社会主义革命和建设时期，中国工会的主要任务转变为团结教育吸引广大工人群众为建设新中国而奋斗，中国工人运动由此翻开历史性一页。财贸轻纺烟草产业各级工会引领产业职工为建立和巩固人民当家作主的新政权、进行社会主义革命和建设付出艰辛努力，产业职工以前所未有的劳动热情与奉献精神投入社会主义建设事业，发愤图强、艰苦创业，涌现出张秉贵、郝建秀、赵梦桃等一大批先进模范人物，为产业发展和国家富强艰苦奋斗，在巩固新生的人民政权和建立社会主义制度，大力发展社会生产力加快社会主义建设中，创造了光辉业绩。

改革开放和社会主义现代化建设新时期，中国工运事业进入历史新阶段。财贸轻纺烟草产业各级工会团结带领广大职工坚定走在改革开放前列，积极投身现代化建设主战场，以聪明才智和忘我劳动为国家经济社会发展作出巨大贡献；同时，引导职工正确对待改革中的利益关系调整，积极支持、参加和推动改革。广大产业职工发扬工人阶级识大体、顾大局的优良传统，勇于担当、甘于奉献，成为改革、发展、稳定的重要力量。

中国特色社会主义新时代，以习近平同志为核心的党中央团结带领全党全国各族人民，推动党和国家事业取得历史性成就、发生历史性变革。财贸轻纺烟草产业各级工会深入学习贯彻习近平新时代中国特色社会主义思想，特别是习近平总书记关于工人阶级和工会工作的重要论述，牢牢把握为实现中华民族伟大复兴中国梦而奋斗的时代主题，坚持围绕中心、服务大局，团结动员广大职工广泛深入持久开展劳动和技能竞赛、深入开展群众性创新创造活动，大力弘扬劳模精神、劳动精神、工匠精神，有力激发产业职工建功立业和创新创造活力。积极加强宏观维护，推进行业集体协商，开展困难职工帮扶，推动构建和谐劳动关系，引领广大产业职工坚定不移听党话、跟党走，不断开创产业工会工作新局面。

回望百年征程，财贸轻纺烟草工会的发展历程蕴含着深刻启示：始终坚持党的领导是做好工会工作的政治原则和根本保证，只有在工人阶级的先锋队中国共产党的领导下，把党的理论和路线方针政策贯彻落实到工会工作各方面、全过程，工运事业才能牢牢把握正确的政治方向，才能生机勃勃向前发展。始终服从服务于党和国家工作大局是工会工作的主题主线，中国工人运动从来都同党的中心任务紧密联系在一起，唯其如此，工会工作才能在党和国家工作大局中找准位置、贡献力量、彰显作为。始终坚持贯彻全心全意依靠工人阶级的根本方针是工会工作的重要遵循，坚持全心全意依靠工人阶级的根本方针，关系到巩固党的阶级基础和执政地位，也关系到中国工运事业的未来发展。始终维护职工合法权益、竭诚服务职工群众是工会组织的基本职责，只有坚持以职工群众为中心，坚持走群众路线，维护好职工群众合法权益，才能赢得职工群众的信赖和支持。始终坚持改革创新是工运事业保持生机的不竭动力，工会工作与社会变革、劳动经济关系的调整变化、职工群众的现实诉求息息相关，只有与时俱进、改革创新，才能把工会组织建设得更加充满活力、更加坚强有力。

回顾历史，我们深感自豪；展望未来，我们信心满怀。站在新的历史起点上，中国财贸轻纺烟草工会和广大产业职工将更加紧密地团结在以习近平同志为核心的党中央周围，以习近平新时代中国特色社会主义思想为指导，全面贯彻党的二十大和二十届二中、三中全会精神，深入贯彻习近平总书记关于工人阶级和工会工作的重要论述，充分发挥工人阶级主力军作用和工会桥梁纽带作用，在以中国式现代化全面推进强国建设、民族复兴伟业中不懈奋斗。

愿本书的出版，能够为广大读者和工会工作者提供有益的借鉴和启示，激励我们继续在新时代的工运事业中砥砺前行，书写更加辉煌的篇章。

目录 / CONTENTS

第一编

新民主主义革命时期的财贸轻工纺织工运事业

第一编

新民主主义革命时期的财贸轻工纺织工运事业

第一章
中国近代财贸轻工纺织产业工人队伍的形成和早期斗争

一、中国近代财贸轻工纺织行业和产业工人队伍的产生

（一）中国近代财贸工业和工人队伍

1840 年 6 月，英国对中国发动侵略战争，鸦片战争爆发，最终以清政府的失败告终。1842 年 8 月，清政府被迫与英国政府签订了中国近代史上第一个不平等条约——中英《南京条约》，主要内容包括：割让香港岛；向英国赔偿鸦片烟价、商欠、军费共 2100 万银元；五口通商，开放广州、福州、厦门、宁波、上海五处为通商口岸，允许英人居住并设派领事；协定关税，英商应纳进出口货税、饷费，中国海关无权自主等。从此，中国逐步沦为半殖民地半封建社会。

五口通商以后，西方资本主义国家向中国大量倾销过剩商品，中国的自给自足自然经济由此遭到破坏。如福建，鸦片战争以前，该省所产的棉布等土特产品，由海道运至宁波、上海、天津、锦州等地，极为畅销。同时，又将各地的土特产品贩回省内销售，经济活跃。自从福州、厦门开放成为对外通商口岸后，洋棉、洋布直驱而入。因为洋布“其质既美，其价复廉，民间之买洋布者，十室而九”，故此，“纺织业受到洋人的排挤而纷纷破产”。

福建原是闻名于世的茶叶产地，一直运往广州出口，沿途有“数十万之夫借此挑工，养活妻儿”。1854年后，改由福州、厦门就近出口，数以万计的以运茶为生的挑工因此失业。

中国各地，类似的许多破产者、失业者，为生存或卖身为奴为婢，或沦为乞丐，或流入城市变为出卖劳动力的产业后备军。资本主义商品侵入越多，中国为之破产和失业的人也就越多，客观上为中外资本家准备了充足的廉价劳动力。

各帝国主义者看中了中国地大物博、资源丰富、劳力价廉的优良条件，在大量倾销其过剩商品、赚取中国黄金白银的同时，又在中国领土上投资兴办工矿企业，利用中国的丰富资源和廉价劳力，为其创造更多的剩余价值。中国工人阶级便由此产生，财贸职工队伍亦相应形成。

早期的财贸职工队伍大体包含三部分：一是受雇在外国洋行工作的职员和为外商机构服务的洋务工人；二是受雇于国内商业主的店员和各种服务行业的从业者；三是属于财贸行业的商办企业中的工人。在这三部分人中，后二者是主体和骨干力量。

中日甲午战争后，国外商品输入进一步增加，国内工业也有所发展。第一次世界大战期间，随着中国民族资本的迅速兴起，百货商业也得到较快发展。1920年，广州已有经营百货的商号605家，从业人员3644人；到1929年增加至767家，从业人员达4619人。

上海开埠后，内外贸易增长迅速，各种新式的资本主义商业、金融业日趋繁荣，店职员人数不断增加。上海最初出现的资本主义商业是经营进出口贸易的外国洋行。稍后，中国民族资本新式商业也随之出现。甲午战争以后，上海作为中国国际贸易和埠际转口贸易中心的地位更加突出，贸易商行越来越多。至抗日战争前，仅英美德法四国在上海设立的洋行已有559家，占全国洋行总数的60.8%；华商经营进出口贸易业务的西洋庄、南洋庄也有

207 家。此外还有一批日本商人经营的东洋庄。除了进出口贸易商行，各种新式商业店号、公司也纷纷设立，各个行业形成一定的规模。例如：五金业在 1918 年有 253 家，1936 年增至 897 家；棉布业在 1921 年有 451 家，1932 年增至 573 家。

根据对上海当时商业在业人口的调查，1935 年，华界有各类商业从业人员 18.6 万人，公共租界有 18.3 万人，法租界有 6.9 万人，全市合计 43.8 万人。在上述人员中，除去商号业主、夫妻店人员、摊贩及独立流动商人，全市被雇佣的商业店职员人数共约 24.5 万人。抗战初期，上海商号倒闭停业的很多，商业职工人数也随之减少。抗战胜利后，全市商业店职员人数增加较多，至 1947 年为 32 万人，至上海解放时为 32.6 万人，是上海职工队伍中人数仅次于产业职工的一个重要群体。

（二）中国近代轻工工业和工人队伍

鸦片战争以后，随着五口通商，外国资本主义商业经济开始渗入，对我国原有的商品市场产生了重大影响。1843 年，外国资本在中国首先开办了印刷厂，这是目前已知的在中国最早使用机器生产的轻工业企业。1853 年后，陆续又投资开办了食品、粮食、日用品等轻工业企业。其时，民族资本和私人资本投资的企业户数占大多数。这些外国资本经营的企业掠夺资源、占领市场、追求暴利。当时，垄断烟草工业的是英美烟草公司（后更名颐中烟草公司），1902 年在上海成立公司后，在 10 年多的时间内所剧增的资本就超过了当时旧中国所有卷烟厂资本之和的 7 倍，卷烟产量为民族资本卷烟厂总产量的 132%。在外国资本的入侵挤压和刺激下，自 19 世纪下半叶起，统治集团为了维持自身的封建统治地位，创办了诸如火柴、造纸、制糖、砖茶、制盐、自行车等新式工业，中国近代轻工业随之缓慢发展起来，轻工业产业工人也逐步产生。

伴随着资本主义发展，国内的手工业生产发生了明显的变化。湖南变化最大的当数茶业。1862 年至 1880 年，湘茶每年输出总额达 100 多万担，其时，安化的茶庄 80 余家，每家雇佣工人 300 余人，全县茶厂工人“约五六万”，制出的砖茶由洋行收购出口。与茶业相类似的还有鞭炮业和刺绣业。1851 年至 1862 年，浏阳城区有鞭炮作坊 300 余家，工人 5000 余人。醴陵地区有鞭炮作坊 200 余家，加工鞭炮的有薪劳动者（实行计件工资）占当时两县总人口的三分之一。1851 年，湘潭易俗河有米行 28 家，谷行 4 家，碾坊 200 家，粮食从业人员 900 余人，加工工人 4000 余人。1925 年左右，哈尔滨中外印刷企业已达 60 余家，印刷工人总数 3000 人。此外，广州、上海、福建福州、浙江慈溪、重庆、四川自贡等地的机器造纸业、火柴厂、玻璃制造业、制糖业、盐业等都得到进一步发展，诞生了这些行业的现代产业工人。据估计，1913 年中国的食品工业、其他轻工业等，工人人数为 246084 人。①

（三）中国近代纺织工业和工人队伍

18 世纪后半叶，西欧发明了动力纺织机器，大大提高了纺织生产效率。西欧生产的“洋纱”“洋布”一方面冲击了我国手工纺织业，另一方面也促进了我国机器纺织业的发展。1862 年，第一家机器缫丝工厂在上海建立；1872 年，侨商陈启沅在广东南海创办继昌隆缫丝厂；1878 年，兰州织呢局和上海机器织布局的诞生，揭开了中国纺织产业工人走上历史舞台的序幕。

伴随着资本主义发展，中外纱厂数量增多，规模也不断扩大。

---

① 中华全国总工会中国工运史研究室编：《关于解放前中国产业工人人数发展变化的初步统计》（未刊稿，1959 年 4 月），转引自刘明逵：《中国工人阶级历史状况》第 1 卷第 1 册，中共中央党校出版社 1985 年版，第 88 页。

1897年，华厂企业数为10家，拥有纱锭234304枚；外厂企业数为5家，拥有纱锭160000枚。1900年，上海、武汉、无锡、南通等四大城市的华商纱厂纱锭在全国的比重分别为47.8%、26.9%、3.0%、6.0%。[①] 企业的发展推动产业工人数量快速增长。1910年，全国纱厂工人人数总计60550人，其中华厂40870人，比例为67.5%；日厂8600人，比例为14.2%；英厂为6080人，比例为10.0%。[②] 在纺织行业发达的上海，纺织工人队伍得以迅速壮大。除最早诞生的缫丝业工人和人数最多的棉纺织业工人外，还先后出现了染织业、针织业、毛纺织业、丝织业、巾被业等行业工人，雄踞中国纺织业的半个天下，占上海整个产业工人队伍的一半左右。据1921年资料统计，当时上海产业工人为18.14万人，其中纺织工人有9万人。

二、早期财贸轻工纺织工人劳动生活状况与自发斗争

早期，财贸轻工纺织工人的劳动状况比较差，普遍存在劳动时间长、劳动环境恶劣、职业病常发等问题，严重影响着工人的身心健康与生活状况。

（一）早期财贸轻工纺织工人劳动生活状况

早期店员的劳动生活状况主要特征如下：一是劳动时间长、强度大。以上海为例。《上海市棉布商业》显示，“协大祥绸布商店的营业时间，在抗战前，夏季每天长达十六小时，冬季也有十四小时。但工人的实际工作时间，尚不止此。此门市营业员在开

---

① 严中平等编：《中国近代经济史统计资料选辑》，科学出版社1955年版，第107—108页。

② 汪敬虞：《中国近代工业史资料》第2辑第5章，转引自刘明逵：《中国工人阶级历史状况》第1卷第1册，中共中央党校出版社1985年版，第131页。

市前须做卷布、开匹等准备工作，收市后须整理橱窗；账务员须结算账目，整理银洋、钞票，故工作时间长达十七小时以上”。宝大祥绸布商店的营业时间，“夏季十六小时又一刻，冬季十四小时半，自一九二四至一九三三年止，早晨开市的时间，最早四点三刻，最迟六时半……晚上九点钟打烊，打烊后还要做一小时多的结束工作，大约到十一点钟才得休息”。二是就业缺乏保障。商店老板雇佣条件严苛，工人随时处于被开除的危险境地。协丰昌布店老板雇佣店员的条件有“十不要”：不会欺骗顾客的不要；命相八字不好不要；家庭人多困难不要；脚散外面过夜不要；没有铺保不要；不尊重“纯阳道”不要；上海有家的不要；年龄稍大的不要；身体不好的不要；文化知识高的不要。三是工资收入低。以北京理发匠的工资情况为例，“北京天津帮，每月九元至十六元，供给宿膳，不问营业之好坏。南方帮，除供给膳宿外，与店主按营业所得，四六分配。澡塘之理发匠，供住不供膳，所入与店主平分。南方帮，每月约二十四元至二十五元，澡塘理发匠，较之稍多”。

早期轻工业工人的劳动生活状况主要特征如下：一是存在恶劣的劳动条件。1917 年 7 月 27 日上海《民国日报》披露，英美烟草公司工人“整天工作是处于垂头曲背的状态，并且含胶粘贴，引起唇破舌裂，偶然失手制错，立被辱打罚金，又当天阴风雨的日子，不问冬夏，都是四窗紧闭，因此，烟气弥漫，全室脑子都被熏得麻醉，衣服被汗浸湿，此等状况实不异于身囚牢狱”。1920 年，天津有人调查天津丹华火柴厂时写道：“该厂房屋不大，空气不甚流通，毒气弥漫全室，容易致病，又未加相当预防之法，殊非卫生之道。”二是存在严重的职业病。早期上海烟厂工人常见的职业病有关节炎、气管炎、头痛病、鼻炎、肺病和干血痨等几种。1927 年 4 月，一项关于天津塘沽久大制盐厂工人的职业病调查显示，全身血液病的感冒、皮肤的炎症、外科的局部炎症、外科的小损伤等是该厂盐工易患的疾病。三是劳动时间长、强度大。据载，宁波轻工业工人的劳动时间一般为 12 小时，也有 13—14 小时的，个别行业甚至达 18 小时。这样的劳动时间往往超出工人的身体承受极限，给工人的身体健康带来极大影响。四是存在搜身、苛刻管理等制度。

早期纺织工人的劳动生活状况主要特征如下：一是劳动时间长。据统计，上海织染工厂的日工作时间普遍在 11—12 小时，休息时间普遍在 1 小时；天津织染工厂的日工作时间普遍在 12 小时。二是劳动条件恶劣。河北唐山的华新纱厂“厂里的机器很危险，一不小心就要受伤，并且棉絮的纤维随着空气飞扬，吸到人体内容易得病，所以我们青年或儿童多半面黄肌瘦，常常有病，每天有很多去诊病”。三是存在野蛮的劳动管理。这一时期，纱厂监督工人往往采取体罚、殴打、罚工、减薪、罚金等形式进行管理，同时还存在包工制、搜身制等，甚至工人阅读报纸、上厕所等自由都受到很大限制。

（二）财贸轻工纺织工人早期组织与自发斗争

财贸轻工纺织工人自诞生以来，一直处于悲惨的劳动境地，呈现出劳动状况恶劣、社会地位低下等特征。为了改善自身境遇，自发斗争一直伴随着财贸轻工纺织工人的成长与发展。

经济斗争是工人自发斗争中的重要形式之一，工人主要通过经济斗争实现增加经济收入、反抗克扣工资、缩短劳动时长等目标。这一时期，浙江、广东、湖北、江苏等地的罢工此起彼伏，突破行业、帮口等限制，由不同企业、职业的工人联合起来的同盟罢工也开始出现，呈现出罢工数量增加、诉求内容广泛等典型特点。从财贸行业看，主要有：汉口踹布业罢工要求工资付给制钱（1895），广州鞋业罢工要求增加工资（1901），宁波米工罢工要求增加工资（1906），杨家河米帮罢工要求增加工资（1907），汉口布店罢工要求增加工资（1909），汉口炭店工人罢工要求增加工资（1918）等。从轻工业领域看，主要有：北京鞋匠和玉器匠罢工要求增加工资（1885），法租界法兴印字馆工人罢工要求增加工资（1911），浦东各胶布厂工人罢工要求增加工资（1913），浦东英美烟厂工人罢工反对减少工资（1917），上海城内外及各租界皮箱业同盟罢工要求增加工资（1918），浦东英美烟厂童工罢工要求休息日工资照发（1918）等。从纺织行业看，主要有：杨树浦瑞记等纱厂工人罢工反对计件工资制（1898），闸北协和等丝厂工人同盟罢工要求增加工资（1911），杨树浦第二纱厂工人罢工反对新定请假办法（1913）等。

第二章
新民主主义革命初期财贸轻工纺织工人斗争与工会兴起

一、五四运动中的工人斗争

1919年5月4日，五四运动爆发，北洋军阀政府下令镇压。消息传到上海以后，引起了上海各界人民的愤怒，首先响应的是上海的学生。5月26日，上海大部分学生罢课，在南市各马路演讲宣传，高呼“反对在巴黎和约上签字”“废除二十一条”“打倒卖国贼曹、陆、章”等口号。学生的爱国运动迅速开展到租界，租界中的店员和中小商人也有参加运动的趋向。6月5日，南市小东门外大街各商号首先罢市，参加的是鱼行、水果行、绸缎店、洋货店、烟酒店等中小商店，这些商店自动联合起来组织了一个“商店联合义会”。小东门外大街店铺罢市后，南市各商店立刻响应，到上午9时，租界各商店也相继停止营业，形成全市性的罢市热潮。罢工运动到6月10日形成高潮。据统计，罢工总人数超过十万人，其中财贸职工多达三四万人。此外，山东店员工人声援五四爱国运动，山东旅沪商人电北洋军阀政府请力争收回青岛，宁波、天津等其他城市店员工人也积极响应上海“三罢”斗争。

在纺织行业，上海纺织工人率先开展斗争，举行爱国罢工。邓中夏在《中国职工运动简史》中记录道，“此次参加罢工的：纺织厂方面有内外棉第三、四、五厂，日华纱厂，上海纱厂及叉袋角日本纱厂数家。……总共人数无确实统计，大概有六七万人。罢工日参差不齐，有从六月五日罢工的，亦有在十一日才罢工的，十一日已得北京释放被捕学生和罢免曹、章、陆消息，于是商人开市，学生开课，工人开工”。

轻工系统的工人也持续开展抵制日货与罢工斗争。1919 年 5 月，上海糖业发出关于抵制日货的决议，纸业工会发布买卖日货处罚办法。6 月，上海商务印书馆、中华书局印刷工人以及英美烟厂工人、荣昌火柴厂工人、华昌盒片厂工人等举行罢工。1921 年 11 月，广州车衣工人举行罢工，提出增加工资、减少工时等条件。1922 年 11 月，长沙笔业工人全体罢工，提出增加工资、不得私自开除工人等 6 项条件。1922 年 11 月，上海浦东英美烟厂 9700 多名工人举行罢工，提出启封工会等 7 项条件。1924 年 9 月，上海南洋兄弟烟草公司工厂 7000 余名工人举行罢工，提出恢复被开除工人工作、取消一切苛章等 8 项条件。

二、中国共产党成立前后工会运动的兴起

在革命早期，中共早期主要领导人陈独秀已经注意到店员的作用与力量，并呼吁将这些群体团结起来组成更大的斗争团体。1920 年 10 月，他在《伙友》发刊词中指出：“商店里的伙友可以合工厂矿山劳动者及交通劳动者成一个大团体，分开来这三种可以说是阶级战争的三大军团。”

1913 年，广州洋务惠群工会成立，这是中国店员工人最早成立的工会，当时有 355 人参加。从广州洋务惠群工会成立到中国共产党成立前的一段时间里，工会组织发展缓慢，数量不多，且大多由国民党的一些政客所掌握，不能称之为工人群众自己的组织。例如，广州市茶居职业工会，原系孙中山于 1918 年授意筹建，直到 1920 年才正式成立。这是一个较大的财贸工会组织，当

时入会人数达11600多人，包括酒楼、点心、炒货、面食、制饼等43个行业，是当时广东省总工会的台柱，被国民党右派所控制，在大革命时期始终站在共产党领导的广州工人代表会的对立面。此外，还有广州互助社、香港牛羊业工会、香港内外持平总工会、香港工亲爱国团等工会组织，其上层是代表资产阶级利益的头面人物，但下层的一些组织和广大职工后来大多转移到共产党领导下的广州工人代表会。五四运动以后，上海等地也出现了黄色工会，工商友谊会是其中之一。该会成立于1920年10月，发起人和组织者是店员出身的童理璋，主要成员是店员工人，其次是中小资本家。成立初期，该会曾获陈独秀和革命青年赵醒侬等的帮助。但不久童理璋便宣布“同陈独秀绝交”，鼓吹资本家与伙友同舟共济，主张店员应提高人格、安分守己等。1924年2月，该会参加了反动的上海工团联合会。1925年5月以后，该会在一片打倒工贼声中解体。

中国共产党十分关心和重视财贸轻工纺织职工运动，通过多种方式开展活动，积极支持各地开展工会工作，各地工会组织得到较快发展。

商贸各业的工会组织在南方地区形成高潮。1921年，广州酒楼茶室工会、广州理发工会、广东油业总工会、碾谷工会等工会陆续成立。广州理发工会召开成立大会的时候，当时担任党中央总书记的陈独秀以及陈公博、沈玄庐等均到会祝贺并发表演说。这些工会组织大部分是在中国共产党领导和影响下建立起来的，在大革命时期大多参加了中国共产党直接领导的广州工人代表会，其中广州酒楼茶室工会、广州理发工会、广东油业总工会等还被选为工会代表会的执行委员。这一时期，在一些工人运动发展比较快的地方，财贸工会组织纷纷建立起来。例如：1921年，长沙的理发业工人全体加入了黄爱、庞人铨领导的湖南省劳动工会；1922年，转入由毛泽东领导的湖南省工团联合会。1922年10月，湖北省工团联合会成立，在入会的 27 个各业工会中财贸行业的工会就有 5 个，即汉口皮鞋工会、汉口蛋厂工会、武汉洗衣工会、汉口杂货工会、鄂直豫蛋业工人联合会湖北分会等。其他如重庆的熟毛业工会、芜湖的店员劳工工会、江西各地的店员工会也都是在这一时期建立起来的。1923 年初，上海市财贸各行业（绸布业、估衣业、酱业、百货业等）中已经有党的组织。1923 年 11 月，《中共三届一中会议国民运动进行计划决议案》指出，上海、汉口、天津等大都市急应进行店员组织。① 1924 年 6 月，上海财贸职工的统一组织——上海店员联合会成立，入会的有绸布业、华洋百货业、估衣业、中西药业等 40 多个行业的店员工人。

轻工系统工会组织产生并得到发展。1920 年 12 月，在上海共产党早期组织的领导下，上海印刷工会成立，加入工会的有铅印工人 300 余人；原石印工人的团体也与印刷工会合并，共有会员 1346 人。工会以"提倡劳工的生活增高，并以改造社会"为宗旨。1921 年 9 月上旬，在中国劳动组合书记部的指导和帮助下，英美烟厂工人发起组织上海烟草工人会。章程中规定以"联络感情，实行互助，谋改良地位，增高生活，得到共同幸福"为宗旨。1922 年 9 月 16 日，上海金银业工人俱乐部在职工教育馆召开成立大会，到会 1600 余人。金银业工人俱乐部是共产党员在老凤祥等三家大同行职工中发起组织的，成立时有 18 家大同行、800 余名职工参加，之后逐渐扩展至新同行中。1923 年 3 月，刘尔崧在广东油业工人中逐步建立了工人"十人团"、共产党与青年团的组织，积极开展活动，改组了广东油业总工会，拥有会员七八千人。1926 年秋，四川盐业成立第一个赤色工会。1927 年 7 月，全国印刷工业总会第一次代表大会在汉口举行。

① 中华全国总工会编：《中共中央关于工人运动文件选编》（上），档案出版社 1985 年版，第 29 页。

纺织行业的工会也在党组织的领导下逐步建立。1920 年 9 月 12 日至 18 日，上海三新纱厂发生第一次罢工风潮，陈独秀在 9 月 19 日出版的《劳动界》上报道了这一消息，并发表短评予以支持："三新纱厂的工人因为上海百物昂贵已经不能活命，厂主还要减少工钱，他们罢工反抗这本是理所当然的事。"在通过刊物向工人传播马列主义的同时，上海共产党早期组织派成员李启汉到当时纺织工人最集中的小沙渡开办劳工半日学校。小沙渡位于上海西部，是日本帝国主义纱厂在上海比较集中的地区，自从 1921 年中国共产党成立后，就派李启汉即李森来此开始做组织和教育工人的工作。

李启汉等人曾在 1920 年秋创立过一个上海纺织工会，但因经费困难、人数少，难以开展活动，便在当年冬季停止了活动。1921 年又建立过纺织工会沪西分会，但在社会上影响亦不大。中国劳动组合书记部成立不久，就注意到了频繁斗争的日华纱厂。1922 年 3 月 19 日，在中国劳动组合书记部干事李启汉的帮助下，日华纱厂建立了上海纺织工会浦东分会，参加成立大会的有 300 余人。共产党人陈独秀、李启汉，《民国日报》编辑邵力子等在会上讲话，力劝工人团结起来，并指出香港罢工胜利证明了联合主义的价值。1924 年 8 月，沪西工友俱乐部成立，宗旨为"联络感情，交换知识，互相帮助，共谋幸福"。

三、五卅运动、北伐战争中的工人运动

1925 年 5 月 30 日，震惊中外的五卅惨案发生。当晚，中共中央召开紧急会议，决定把斗争扩大到社会各阶层人民，号召全国被压迫的群众团结起来，反抗帝国主义野蛮残暴的大屠杀。五卅运动很快席卷全国。在中国共产党的领导下，上海各界开展"三罢"斗争，上海店员联合会带领广大店员举行总罢市。据 1925 年

6月13日上海总工会的报告，当时参加罢工的酒菜业职工7000余人，包括饭店、洋务、茶居等职工。为抗议五卅惨案而爆发的省港大罢工是大革命时期全国反帝风暴中规模最大、持续最久、影响最深的一次大罢工。重庆的熟毛工人工会串联37个团体，共同发表打倒帝国主义、排斥仇货以及与英、日绝交等11项宣言。四川宜宾店员工人举行罢市，并成立店员外交后援会，加入仇货检查团行列。南京和记洋行的5000名财贸工人通电全国宣布罢工。与此同时，纺织工人积极开展罢工斗争，恒丰、老公茂以及上海第一、第二、第三纱厂等群起响应上海总工会宣布的总罢工，纱厂工人成为罢工工人中的一支主要队伍。邓中夏在《中国职工运动简史》中记录道："特别是五月三十一日那天，罢工突然高涨，已有十余万人；至五日便增至二十余万，其中最主要的是纱厂、电器、海员、码头工人。"① 天津、北京、郑州、武汉等地也爆发声援五卅惨案的罢工、游行示威等行动。在五卅运动周年纪念后，1926年5月30日至6月18日，上海发生了40起罢工，参加罢工者在3万人以上。

广大职工发挥自己的职业与行业优势，积极支持北伐战争。一是提供物资。1926年，北伐军进入醴陵县城，伞业工会组织工人3日内赶制军用斗笠2000多个；缝纫工人日夜加班，为北伐军缝制子弹带、粮食带、绑带等。箩业工人组织的运输队和船工组织的水上运输队不但在县境内为过路的北伐军运送军用粮食物资，还先后随军参加泗汾战役和泗桥战役。在省港罢工委员会的领导下，广东革命根据地的工人组织了包括财贸职工在内的3000多人的运输队，肩挑弹药等军需物资跟随北伐军前进。二是参加革命战斗。省港罢工工人纠察总队中的一些财贸职工被挑选进入叶挺独立团，直接参加北伐战斗。当北伐军逼近长沙时，长沙的店员

---

① 邓中夏：《中国职工运动简史》，山东新华书店1949年版，第194页。

工人参加长沙工人保安队，维持省城秩序，把守入门及要道，并截击自湘潭溃退经过长沙的敌军，缴械千余支。当北伐军继续向北推进时，长沙部分财贸职工又参加了随军运输队、宣传队等。三是其他支援。广州油业、酒业的一些财贸职工帮助组织农会、训练农民军、办农民夜校等。北伐军进入湖南长沙，店员工人参加保安队维护省城秩序。1927 年 2 月、3 月，上海工人举行第二、三次武装起义时，绸布业和估衣业部分职工在党和工会的领导下参加了总同盟罢工。在上海第三次武装起义中，有 50 余家工厂的 10 万余名纱厂工人参加罢工。

四、工会组织遭受破坏

四一二、七一五反革命政变后，成千上万的共产党人和工运领袖被杀害，财贸各业店员大批被解雇，工会组织被解散，工会工作转入地下秘密活动。1927 年 8 月 7 日，《中共中央紧急会议最近职工运动决议案》指出，“职工运动中手工工人店员的斗争占极重要的位置，中国大多数小城市中，甚至只有手工工人及店员。本党必须坚决地领导他们斗争，组织他们的职业工会，力争改良他们的生活及政治社会地位”。

在湖北，武汉店员总工会是武汉最大的工会，早在七一五反革命政变以前，武昌、汉口两个总商会就多次请求国民政府取消店员总工会。到 1927 年 12 月，胡宗铎连下三道命令，解散封闭各业店员工会，并将不服制止的工会会员拘押以共产党论处。在新军阀的支持下，店东资本家实行“营业自由、辞退工人自由”，找种种借口克扣店员工资，取消福利待遇，延长工人工作时间，随意开除工人，仅汉口各商店被辞退的店员就有 2000 多人。在上海，在中国共产党领导下成立的上海华洋布业职工会解散，先施、永安、新新三家公司开除职工 300 人以上，酱业被开除者达 500

余人，估衣业 200 余人，南货业 200 余人，中药业 160 余人，煤业 300 余人等。在武汉，各纺织厂的党组织与工会均被封闭，被害的工人和进步分子有 40 余人。在上海，纺织工人也在厂内进行秘密宣传活动，如沪西日华纱厂内曾分发上海总工会秘密出版的宣传品《新世界》。

第三章
土地革命战争时期财贸轻工纺织工人和工会

一、大革命失败后店员的反抗斗争

在白色恐怖之下，广大财贸职工奋起反抗，充分显示了工人阶级英勇无畏的精神。在武汉，广大店员工人开展罢工斗争。1927 年 9 月 10 日，汉口全体店员为反对店主无故解雇大批店员，推选 30 多名代表前往国民党中央党部请愿，要求恢复失业工人工作，提出了不准店主无端关店和辞退店员、不得推翻以前订立的一切有关条约、不得虐待学徒克扣薪俸、必须发放现金并救济失业店员等几项条件。汉口煤业工人为恢复工资利益举行两次全体罢工。煤业工人工资是北伐胜利后劳资双方协议定下来的规定，各煤店店员工资为每人每月七元至九元五角。到 1928 年，有些店主将店员工资单方降为四元至五元，为要求恢复原来协定的工资数额，全体煤业工人从 1928 年至 1930 年举行了两次全体罢工，最后迫使资方接受了恢复原工资数，并不得在农历年关无故辞退工人等条件。在上海，先施、永安、新新三大公司职工反对资本家开除大批职工。1928 年 2 月，时值农历年关，先施、永安、新新三大公司资本家“按例”开除大批职工。百货商业职工立即组织三公司失业团，推派代表去南京向有关当局请愿，并在上海卫戍司令部召开的会议上，痛斥资本家的无理开除行为。经过坚决斗争，政府当局不得不督促资本家接受职工提出的条件：对开除之职工，由资方津贴月薪三个月，升工每月六天照加，失业工人应得奖励按 1926 年旧例发给，以及组织职工会等。与此同时，丽华公司等解雇的职工也按照上述条件执行。这是百货商业职工坚持斗争的结果。

轻工业、纺织业职工积极开展斗争。其中，轻工业中较有影响的是 1927 年 9 月至 1928 年 1 月的上海英美烟厂大罢工。浦东英美烟公司一、二厂两厂对于工人工资本定每六个月增加一次，为分化工人内部团结，资本家故意给进厂还不到两个月的新工人增加工资，而对大部分工作已久的工人却分文不加，这引起工人不满。9 月 30 日下午 4 时许，英美烟二厂叶子间的工人纷纷停止工作，要求改良待遇，并涌向英美烟一厂叶子间内，向工人讲明事由。英美烟一厂工人群起响应，向英美烟厂资本家提出一律增加工资、减少工时等 19 项条件。资本家拒绝接受工人要求，英美烟一厂、二厂数千名职工开始罢工。由于这次罢工的领导权被国民党控制的工会窃取，在国民党勾结英帝国主义对广大卷烟工人进行一系列诱骗分化和镇压下，1928 年 1 月，罢工失败。这次大罢工进行了三个多月，计 110 天，史称为“除省港罢工之外，中国工运历史上少见的大规模罢工”。在这次大罢工中，烟厂工人群众继承了大革命时期的光荣传统，给英美烟厂资本家以沉重打击。纺织行业较有影响的是 1934 年 3 月 3 日爆发的上海美亚绸厂工人大罢工，总厂和九个分厂及艺徒学艺所 4500 名工人参加，要求取消削减工资的命令。罢工工人遭受国民党残酷屠杀，造成 80 余人伤亡的惨案。3 月 30 日，中共中央发布《为援助开滦与美亚工人罢工宣言》。4 月 12 日，中共中央发布《为援助上海美亚绸厂罢工工人第二次宣言》，号召援助美亚工人，效法美亚的英勇斗争而罢工起来、斗争起来，反对帝国主义的侵略。4 月 16 日，中华苏维埃共和国中央政府发布《为援助上海美亚绸厂工人罢工的斗争宣言》，号召全国工友及一切劳苦群众一致起来援助美亚工人，鼓励他们坚持到底，直至获得最后的胜利。1936 年 11 月，上海 30 家日本纱厂中的 5 万名工人举行反日大罢工，也是具有较大影响力的罢工。此外，各地罢工不断爆发。例如：北平、天津等地地毯厂工人为改善待遇、反对扣发工资等举行罢工（1928 年 11 月），四川自贡盐场开展总同盟罢工（1929 年 8 月），成都笔业工人为增加工资与限制学徒举行罢工（1930 年 10 月），上海丝厂开展同盟罢工（1930 年 8 月），上海丝厂工人为恢复工资举行罢工（1932 年 11 月），天津丹华火柴公司工人为反对停工和争取年终奖金举行罢工（1935 年 1 月）。

这一时期，广大店员工人积极支援和参加武装起义。1927 年 8 月，南昌起义爆发。起义的总指挥部设在南昌的江西大旅社（今南昌革命纪念馆），旅社职工积极配合筹集物资，一些工友和理发员也参加了起义。1927 年 12 月，广州起义爆发。武装力量总计约 5000 人，其中工人赤卫队共 3000 多人。工人赤卫队分成七个联队，其中第三联队是以财贸行业粮食职工为主组成的。1929 年 7 月，中共中央派邓小平、张云逸等到广西开展革命工作。9 月 1 日，中共广西省第一次代表大会在南宁召开。会后广西特委派员到左右江等地恢复和建立工会，百色、龙州、恩隆、奉仪、恩阳等县先后恢复了烟丝、糕苏、裁缝、理发、革履、药材、首饰等行业工会，并秘密组建了工人赤卫队。到了 12 月，左右江地区有组织的工会会员已达 4000 人，其中财贸职工占 70%以上。

1931 年 9 月 18 日，驻中国东北的日本关东军炮击中国东北军的北大营并向沈阳进攻，制造了震惊中外的九一八事变。全国民众奋起抗日救国，重庆等地店员工人参加反日救国大会、请愿游行、开展停业等抗日活动。上海纱厂尤为热烈，日商纱厂工人 8 万余人自动组织抗日会，并退出工厂以表示抗日的决心。1931

年12月23日，天津丹华、电灯等12个工会召开工会救国联合会成立大会。1932年1月28日夜，日本侵略军由租界向闸北一带进攻，驻守上海的十九路军在全国人民抗日高潮的推动下，奋起抵抗，开始了淞沪抗战。上海财贸各业的青年职工纷纷报名参加抗日义勇军、运输队、救护队、输血队、宣传队等组织，全力支援十九路军的抗日战斗。上海的沪西、丰田、日华、喜和内外棉等17个日商纱厂工人6万人，在共产党领导之下组织罢工委员会、武装纠察队、工人义勇队，上前线参加战斗，号召后方群众示威游行。广州店员工人捐资捐物支援淞沪抗战。这些活动团结了广大职工，培养了许多骨干力量与积极分子，为后续的革命工作奠定了思想与组织基础。

二、苏区财贸轻工纺织工人的工会组织和活动

在苏区的巩固和发展过程中，苏区财贸职工队伍进一步壮大，财贸职工运动更加蓬勃发展，并通过多种方式积极支持革命斗争。

1932年2月17日，苏区中国店员手艺工人工会筹备委员会举行会议，研究了工会筹备事宜，同时决定响应中共中央关于创建“一百万铁军”的号召，征调2000名会员参加红军，并号召全体会员将购买的公债退还给政府，不要政府还本付息。1933年5月1日，中国店员手艺工人工会第一次代表大会在瑞金召开，到会代表300余人。大会由全国总工会苏区中央执行局委员长刘少奇主持，执行局党团书记陈云参加大会，临时中央政府主席毛泽东为大会送来了彩匾。大会选举邓振勋为委员长、罗梓明为副委员长，一致通过《关于洛甫同志政治报告的决议》《中国店员手艺工人工会章程》《苏区店员手艺工人在经济斗争中的任务》《店员手艺工人在苏区的组织任务决议案》《中国店员手艺工人第

一次代表大会决议》《关于帮助机关工作人员与红军家属的决议》等。大会决定成立中国店员手艺工人红军师，要求赣东北、湘鄂赣、湘赣等苏区成立店员手艺工人红军团。大会还选派160名各省工人到苏维埃中央政府各部门工作，并规定各级店员手艺工人工会派遣干部到各级苏维埃政府工作。中国店员手艺工人工会的建立标志着中央区财贸职工的组织程度和职工运动进入了一个新的阶段。

1933年4月，全国总工会苏区中央执行局指示“湘赣省要成立店员手艺工人工会的系统组织”。省职工联合会当即组织了湘赣店员手艺工人工会筹备委员会，选派傅振维为主任。经过4个月的筹备工作，1933年8月1日，召开湘赣第一次店员手艺工人工会代表大会，正式成立中国店员手艺工人工会湘赣省委员会。9月1日，省店员手艺工人工会委员会讨论通过《店员手艺工人经济斗争任务》《目前形势与湘赣店员手艺工人工会的紧急任务》《湘赣省店员手艺工人工会关于扩大红军的决议》三个主要决议，指导基层支持扩大红军、开展经济斗争等各项工作，动员广大职工参加和支持革命战争。

苏区财贸工人对根据地建设和革命战争作出了重要贡献。一是积极参军参战。1929年初，红四军主力向赣西南和闽西进军时，沿途不少店员手艺工人投入红军或参加工人赤卫队，配合红军作战，为开辟中央苏区作出过贡献。到1933年底，据公略、万太、龙岗、兴国、于都、上杭、长汀、宁化等12个县统计，在7万多名工会会员中，参加红军及游击队的会员就有19960人，约占总会员人数的30%，在这些工会会员中大部分是店员手艺工人。中国店员手艺工人工会成立店员手艺工人师，有力地支持了根据地的革命战争。二是建立苏区商贸组织与合作社，发展经济，粉碎敌人的经济封锁。苏区的商贸组织，除国营性质的红色商店外，还有集体性质的各种合作社。中央苏区的合作社大体上有三种组织形式：1. 生产合作社，含手工业生产合作社和农业生产合作社；2. 商业合作社，分粮食合作社和消费合作社；3. 信用合作社。据 1933 年 8 月《红色中华》公布的信息，中央苏区的消费合作社已达 480 个，股金 114120 元，到 1934 年 2 月，增至 1140 个，股金 322525 元。通过消费合作社、粮食合作社、生产合作社等形式，苏区健全了商贸组织，对粉碎敌人经济封锁、发展经济、保障军民的生活及支援革命战争都起了重要作用。此外，苏区店员工人积极利用边界圩场对私商执行保护政策及价格鼓励政策开展边界贸易、广泛发动和依靠“阴阳界”（指赤白两区交错处）的群众为苏区搞物资等形式突破敌人的军事与经济封锁，打通与白区贸易的渠道，采购苏区紧缺物资。三是苏区店员工人积极认购公债，筹粮筹款支援革命战争。为了保障红军作战经费，支援反“围剿”斗争，苏维埃临时中央政府曾于 1932 年 6 月至 1933 年 7 月期间三次发行公债，共计 480 万元。苏区店员工人积极响应政府号召，纷纷认购公债。后来又响应出席中国店员手艺工人工会筹备会议代表的倡议，纷纷捐献所认购的公债，不要政府还本付息。《红色中华》为此发表了社论，号召苏区人民向店员手艺工人工会学习，立即开展“节省每一个铜板，退回公债，减少伙食费运动”。四是开展拥军优属工作。1929 年，闽西上杭县才溪乡消费合作社成立时，就规定对红军部队、机关及红军家属在购物时实行优惠价格，一般比群众购物要便宜 3%—7%，多数合作社还对军属实行优先供应。广大财贸职工还经常利用节假日为军烈属代耕代种，帮助他们解决生活困难。

第四章

全民族抗日战争时期财贸轻工纺织工人和工会

1937 年 7 月 7 日，侵华日军制造了震惊中外的七七事变，中国军民拉开了全面抗战的大幕。7 月 8 日，中共中央发出《中国共产党为日军进攻卢沟桥通电》，号召全国军民团结起来，共同抵抗日本侵略者，同时向全国民众表明了中国共产党抗战到底的决心。在中国共产党不断敦促和全国人民强烈要求抗日的形势下，9 月 23 日，蒋介石发表谈话，承认共产党的合法地位，第二次国共合作宣告成立。广大财贸轻工纺织职工投身抗日运动，运用自身的行业特点和职业优势，为抗日战争胜利作出了自己的贡献。

一、国统区财贸轻工纺织工人的抗日活动和经济斗争

（一）开展抗日救亡活动

百货商业职工在抗日救国的浪潮中纷纷集会，并以实际行动支援前线，上海南京路上的永安、先施、新新、大新、中国国货等大公司以及小百货业、华洋杂货批发业的职工联合商业界爱国人士组织战地服务团开展救亡活动。武汉纺织工人在中共纱厂工作委员会的领导下，积极地开展了抗战支前活动，拿出自己用血汗换来的微薄工资，捐献给前方战士；组织慰问团，慰问抗日将

士和伤病员。1937 年 9 月 18 日，成都市店员工人积极参加该市各界为九一八事变六周年而举行的数万人集会和游行，高呼抗日口号，高唱救亡歌曲，要求政府切实清查仇货，严惩汉奸卖国贼。10 月，重庆市抗敌后援会查获大批日货，财贸系统的熟毛、西服、苏裱等业和其他系统行业等 90 个工会组织请愿代表团，向国民党重庆行营和市政府请愿要求从重处理仇货。1939 年，重庆市印刷工人举行游行示威反对汪精卫叛卖行为。

（二）壮大抗日力量

全面抗战开始后，国统区的各地店员工人纷纷组建或参加各种抗日救亡的群众团体。1937 年 8 月 12 日，党中央在《关于抗战中地方工作的原则指示》中指出，“要利用一切机会组织工人、农民、学生、市民自己的合法的群众团体，或加入已有的国民党所控制的机关（如黄色工会、农会、学生自治会等）中去工作，转变他们为这类的群众团体”。如四川宜宾市，以店员学徒为主体成立了抗敌晨呼队，在共产党员古哲之的带领下，每天破晓时就列队街头齐声高呼“沉睡的人们醒来”，随后高唱抗日救亡歌曲。还有些城镇的财贸职工组成抗敌宣传团、抗日剧团、救亡歌咏队等，经常深入农村演唱宣传，唤起全民族的觉醒，以投身抗日战争。在天津，天津工人抗日救国会成立，毛织厂、火柴厂、面粉厂、化学厂、烟草厂、汽车厂、邮局、电信局、电车工人、码头工人等纷纷成立工人抗日救国分会进行抗日爱国活动。

（三）开展经济斗争

在抗战初期，广州有些顽固的资本家通过扣工资、开除等办法阻挠工人参加抗日救国活动，引起劳资纠纷。1937 年 8 月 29 日，榨油工人参加抗日游行，该业资本家开除了超过 2000 名工人，并扣去半天工资。当时工人抗议，国民政府当局曾答允工人严令资方发还该日的半天工资，但该业资方并没有执行。其他行业的资方也争相仿效。1938 年 1 月，榨油工人坚决与资本家斗争，要求照发工资。党组织十分重视，随即领导榨油工人罢工。最终，资本家补发工人的工资，罢工取得胜利。1938 年 6 月 15 日，重庆川渝猪鬃公司全体工人为提高工资举行罢工，全市 36 家猪鬃公司工人一致声援。

二、敌占区财贸轻工纺织工人的抗日活动和经济斗争

（一）执行党的白区工作方针，壮大抗日力量

在上海，淞沪抗战阶段，原来活跃在各社会团体、学校的各大百货公司的积极分子在地下党组织的动员和安排下很快回到本单位，先后发展了一批党员，建立了党的支部，把工作重心转移到职工群众中去。永安、国货、先施等公司先后有党员和积极分子发起书报代办，推荐《译报》《大众生活》《抗战》等进步报刊，开办图书馆，组织读书会和时事讲座等活动。针对财贸职工队伍中有一批京剧、话剧、歌咏、器乐等爱好者的特点，分别组织观赏京剧《明末遗恨》、话剧《忠王李秀成》《大雷雨》等剧目，激发大家不当亡国奴、不当民族败类、学习抗敌英雄。永安公司还按照职工不同要求，按文教、娱乐、体育和福利等四个方面，成立了 16 个群众组织，文教有图书、写作、国语训练；娱乐有歌咏、口琴、京剧、话剧、国乐；体育有篮球、足球、乒乓球、棋艺等。

（二）广泛联系工友，巩固群众阵地

日寇占领租界后，一切带有抗日色彩的活动均被迫停止，一切形式的集会皆遭禁止。在这种不利情况下，百货业各大公司采

取结成兄弟会，组织各种球队、读书会、聚会、简易图书馆、经济互助会等一切有利于团结职工群众的活动形式，由地下党员和积极分子深入各种活动中联系群众，广交朋友。例如，永安公司有五弟兄、八弟兄、十弟兄等兄弟会20多个，团结着200多名职工。1938年2月20日，益友社正式成立，益友社是地下党领导的以广大店员为主体的群众团体，公开的宗旨是“提倡正当娱乐、改善业余生活”，经常举办补习夜校、学术座谈以及歌咏、评剧、话剧、乒乓球等活动。到1939年底，发展社友3000多名。从1938年到1941年，先后有43名青年店员在益友社加入了中国共产党，还有一批职工在各行业中参加了党的组织。

（三）开辟地下采购运输线

上海市财贸职工在地下党的领导下，利用自己行业和职业的便利条件，为新四军筹措、采办和供应了医药用品、医疗器材、机电设备、金属材料、纸张布匹乃至军火器材等一系列军需物资，并通过开展义卖义演募捐活动，从财力、物力上支援新四军抗日。上海财贸职工响应地下党的“节约救难”号召，益友社各业社友1700多人，捐款1000余元。各大公司开展义卖和募捐活动，其中永安公司职工募得1万余元。

（四）参加抗日战斗

除了从财力、物力等方面积极支援新四军，上海财贸职工及大批青年职工毅然离开工作岗位和家人，奔赴抗日前线直接参加战斗。据不完全统计，在全民族抗战期间，上海有组织成批参军的财贸职工有500多人。还有不少青年店员单独或几个人自邀参加国民党抗日部队和新四军的，其数量不少于500人。从1938年到1945年，益友社以及医药、五金、衣着等行业的党组织，按照上级党的指示，先后动员了102名地下党员和积极分子参加新四军的敌后武装斗争和开辟新区的地方工作。1938 年 9 月 28 日，厦门市明明印刷厂工人吴明泉与文化界人士秘密组织“厦门中国青年复土血魂团”反抗日寇，成员大多是船工、小贩、文教界人士和社会青年，人数从 20 多人发展至 100 多人。

（五）团结一心，开展经济斗争

1943 年至 1944 年，由于敌伪的无限度搜括和资本家加重剥削，上海各公司职工每月工资只有二三斗米代价，公司商店连早餐也取消了，很多职工忍饥挨饿。为了生存，各大公司职工开展了要求维持最低限度生活的斗争。永安公司资本家被迫恢复早餐，先施公司增加早餐费，新新公司增加工资 20%，中国国货公司则增加饭贴并预付薪金。

三、抗日民主根据地财贸轻工纺织工人和工会运动

1937 年 7 月至 1945 年 8 月，中国共产党领导的中国人民革命进入了全民族抗日战争时期。为了团结起来一致抗日，中国共产党把自己的武装力量开赴前线，深入敌后发动群众开展了游击战争，解放了大片土地，先后开辟了陕甘宁、晋察冀、太行太岳、冀鲁豫、山东、晋绥、苏北、苏中等 19 个解放区，分别建立了边区抗日民主政权。由于国民党政府实行消极抗日、积极反共的政策，日本侵略军向解放区进行残酷的扫荡和破坏，革命根据地的财政工作在战时环境中经受了严峻的考验。日本侵略者燃起的战火漫及各地，给我国人民带来严重的灾难。农业生产遭到破坏，工商业凋零，交通阻塞，物资匮乏，不少群众流离失所，浪迹他乡，因而使本来就贫困的我国广大人民群众生活更加艰难。

（一）坚决贯彻自己动手自力更生和发展经济保障供给的方针

1942年以后，各抗日根据地职工贯彻执行中共中央制定的“发展经济、保障供给”“自力更生”“公私兼顾”等一系列正确方针，积极推进各项工作。1943年以来，太岳区开展了大生产运动。工商部门、各级商店收购了各种小型农具，供给大生产之需。在“自己动手、丰衣足食”的口号下，配合整个大生产进行了种籽调剂，救济灾区，各地都在大小集市进行余缺调剂，沟通有无，支持本币，平稳物价，取得了可喜的效果。

（二）推进合作社经济发展

1943年，毛泽东作了《论合作社》《组织起来》等报告，进一步阐明了发展农业劳动互助合作的重要意义。各抗日根据地积极响应号召，学习陕北南区兴办合作社的经验，掀起了兴办合作社的高潮，从此边区的农业互助运动走上了新的自觉的发展阶段。到抗日战争末期，晋冀鲁豫边区的太行区、太岳区，晋察冀边区的北岳区，晋绥边区的晋西区和吕梁区，已有各种合作社11000多个，并在抗日根据地形成了“网点普遍、纵横连结、有机配合、呼应灵活”的集体经济组织。

（三）筹集各类物资，保障抗日根据地军民需求

1940年，在政府帮助下，晋察冀革命根据地冀中区总工会按照边区关于发展手工业生产的政策，帮助失业工人、手工业工人办起了一些手工业工厂作坊。晋县、深泽县、无极县成立了生产裹腿、腰带、枪背带、手巾、背心、袜子、油墨以及捞纸、纺纱、织布等产品的工厂和作坊。安平县办起了胰子（肥皂）、卷烟等厂。这些合作社的产品开始主要是供应部队机关，之后逐步发展

到在集市上销售，及时供应群众日常生活需要。1943 年秋，晋察冀军区奉命抽调 5000 多人的部队支援西北，保卫延安。军区被服厂的工人为了使执行任务的部队指战员及时穿上棉衣，展开了紧张的突击生产。经过日夜奋战，再加上兄弟厂和当地群众的热心帮助，终于比上级要求提前完成了 5000 套棉军服的制作任务。1944 年，边区印刷局的职工除完成和超额完成工业生产任务外，还计划生产粮食 6400 斤，蔬菜 6 万斤，麻子 1500 斤，干柴 15 万斤，毛衣 620 件，毛袜 620 双，鞋 300 双，并广泛开展木工、铁工、锡工、编筐、编篓等手工业，和老百姓合伙饲养猪羊、开展运输等合作事业。这一活动的全面开展，不仅改善了工人的生活，而且减少了公家的财政开支，更好地支援了抗日战争。

（四）参加抗日武装

在山西，阳泉矿工、正太铁工、榆次纱厂工人等三个游击队组成榆太游击队，经常配合八路军作战，也在正太路与同蒲路衔接地带独立作战。在江苏，中共江苏省委安排组织了大批上海纺织工人奔赴抗日根据地。仅有 400 人的五和织造厂先后有六七十名共产党员和积极分子加入了江南抗日义勇军、鲁迅艺术学校、皖南新四军等抗日军队，占全厂职工人数的 15%，被新四军领导人和上海工委领导人誉为“输送革命力量的红色基地”“红色战士的工厂”。在上海，新怡和纱厂曾输送 30 多名党员到抗战的第一线。在华北地区，有 2000 多名纺织工人参加了八路军等抗日军队，或组织了崂山支队、榆次支队等以纺织工人为主体的抗日游击队。

第五章
解放战争时期财贸轻工纺织工人和工会

一、国统区财贸轻工纺织工人的工会活动

（一）开展多种形式的斗争

在国民党的统治下，物价飞涨，广大财贸职工的实际收入不断下降，生活处于饥饿边缘，广大职工无法忍受国民党反动派和资本家的剥削压迫，纷纷起来要求改善生活待遇。以上海酒菜业职工开展罢工斗争为例：1945 年 9 月 20 日，粤菜帮南国酒家全店职工推选罗添等六名代表，向资方提出发放股利资金、合理分配小账和赏金的要求，以及因代表职工同资方谈判而遭解雇的甘田、朱刚、芦国棣三人的复工问题。在遭到资方拒绝后，全体职工于 9 月 30 日中午宣布罢工。上海市社会局对这次工潮进行仲裁。仲裁结果：各店被无理开除的职工复工，年赏小账和外偿等待遇按照劳方的要求办理。这场持续半个多月的联合罢工取得了胜利。在这一时期，在美货的冲击下，民族工商业纷纷倒闭。据 1946 年下半年的统计，在国统区 22 个大中城市中倒闭的工厂商号竟达 2 万多家。1947 年 2 月，中共上海市委领导发起“爱用国货、抵制美货”运动。此外，1946 年至 1948 年，天津市面粉工业、旅馆饭店业、澡堂业、理发业等行业工人围绕要求救济、复

工、发放年终奖金、提高工资等开展罢工斗争，武汉市碾纺业、广州鞋业等行业工人开展反饥饿、增加工资等罢工斗争，南京市洗衣工人、印刷工人开展要求提高工资的罢工斗争。

（二）开展护厂等工作

在上海，上级党组织指示，要抓紧筹建人民保安队，积极做好护厂、护店、护校等工作；在解放军进城后，配合解放军做好接管工作，并协助维持地方治安。上海党组织以义务警察支部为核心，积极在义警中秘密发展人民保安队队员。上海各业店员中有 5000 多人加入上海人民保安队，在搜集情报、开展宣传、保护人民财产以及开展护店、护栈、护厂斗争等任务中发挥了重要作用。这些保安队队员普遍投入了解放上海的战斗。上海机器厂、中央印刷厂、电讯机械修造厂第二厂等轻工业大厂以“工人协会”名义组织工人纠察队，进行护厂巡逻，散发张贴传单，与国民党军队开展针锋相对的斗争，保护了工厂。青岛、武汉等地的纺织工人积极开展护厂保厂斗争，取得了积极成效。1948 年底，中国纺织建设股份有限公司青岛第一印染厂以在非常时期防护厂内资产及员工安全为宗旨，成立了护厂团，制定了护厂团组织规程与实施办法。

二、解放区财贸轻工纺织工人的贡献

（一）大力恢复解放区集市贸易和城镇经济

各解放区在粉碎国民党进攻和经济封锁中开展了大生产运动。广大店员工人根据中共中央关于“尽一切努力粉碎国民党的进攻是解放区的中心任务，放手发动群众壮大人民力量是保卫解放区的根本方针”的指示精神，在大生产运动中尽心尽力。为适应农副业生产的新变化，他们深入乡村发放农贷，帮助农民解决农具、种子、牲畜等困难，并扶植一些地区恢复历史传统工副业产品，增加群众收入，还为向国民党统治区出口农副土特新产品以换回外汇作出巨大努力。在发展城市经济方面，贯彻执行鼓励商人去内地自由贸易的新规定，扩大公有商店的购销规模，并贯彻党的贸易政策及税收政策，以促进各地市场的恢复和发展。

（二）开展参军参战、拥军支前、复产复工等活动

在参军参战方面，1945 年到 1949 年，湖北应城盐矿工人配合人民解放军积极参军参战。1947 年 10 月，桂东游击队成立，是该时期中共在湖南领导建立的第一支游击队，有 200 多人，包括造纸工、采煤工、铁匠、铜匠、篾工、裁缝、木工、理发工等 50 多人，被命名为粤赣湘边区人民解放总队北上先遣队。在拥军支前方面，山东粮食职工积极支援前方确保军粮供应，1946 年 9 月 15 日至 19 日在沂蒙山区、滨海区为宿北战役供应军粮 1000 万斤；1947 年 1 月 2 日至 20 日，为鲁南战役供应军粮 2800 万斤。1946 年至 1948 年，哈尔滨市轻工业工人生产单军服 64 万套，棉军服 47 万套，棉大衣 46 万件，棉袜子 35 万双，棉皮鞋 40 万双，夹皮鞋 7 万双，靰鞋 47 万双，棉皮帽子 76 万顶，棉手套 23 万副。私企铁木业职工主动加班加点，为部队生产 300 台花轱辘大铁车，200 台胶轮车棚，5 万副铁马掌。全市 58 家工厂 5760 名服装工人、138 家鞋厂 3597 名制鞋工人投入军服军鞋生产。张家口市张垣机制面粉厂是仅有 50 多名职工的小厂，他们日夜不停地为平津前线的解放军磨制面粉，仅张家口解放初期的 23 天时间就生产面粉 28.5 万公斤，全部运往北平、天津前线。在复产复工方面，据 1949 年 6 月 19 日《青岛日报》报道，“中国纺织股份有限公司青岛分公司十三个厂已全部复工，35 万纱锭一齐转动起来”。

（三）积极建立发展工会组织

1945 年 8 月，湖南宁城总工会复起，各基层工会亦相继成立，有箩业、轿业、手车业、民航、漂染、印刷等 45 个行业工会，工会的会员总数 4420 人。1945 年 9 月，冀察总工会召开张家口市各业工人代表大会，毛织、铁路、电业、印刷等 17 个产业工人代表出席大会。1946 年 6 月，中国纺织工会全国委员会工作委员会成立。1949 年 4 月，东北盐业工会成立。1949 年 7 月至 8 月，天津市 3.4 万名纺织工人中有 3.07 万名加入了工会，占全体职工的 88%以上，并建立了 26 个分会。

第二编

社会主义革命和建设时期的财贸轻工纺织工运事业

第六章
过渡时期的财贸轻工纺织工人和工会工作

一、在恢复经济和创建新政权的事业中发挥工会作用

1949 年 10 月 1 日，中华人民共和国成立，中国店员工会、中国食品工业工会、中国纺织工会在全国总工会领导下，积极参与恢复经济和创建新政权。

（一）中国店员工会对恢复经济和创建新政权的贡献

新中国成立后，随着巩固政权、恢复经济、对外交往等各方面工作的有序开展，工会组织的作用日渐凸显。因此，建设强有力的工会组织以动员工人阶级在新国家建设中发挥主力军作用便成为迫切问题。

1949 年 10 月，全国总工会召开常委扩大会议，着重研究建立产业工会问题，会议决定筹建 21 个全国性产业工会，并要求各地方工会积极组建产业工会的地方组织。1951 年 8 月，中国店员工会首届代表大会在北京召开，大会通过关于店员工会当前任务决议案，选举产生全国委员会执行委员、候补执行委员、常务委员会委员。政务院副总理陈云、贸易部副部长姚依林、全国总工会副主席刘宁一等在会上作报告或讲话，常景林作总结报告。报告内容涉及国家财政经济情况，明确将降低商品流转费用作为国

营贸易企业开展爱国主义劳动竞赛的中心内容。

1. 建立劳资协商会议和新的劳资关系，解决店员失业和工时过长等问题

新中国成立之初，政府实行平衡收支、稳定物价的政策，由帝国主义、封建主义、官僚资本主义等势力把控的原有商业领域中出现大批店员失业。1951 年 6 月，店员工会全国筹备委员会发布《关于各城市成立失业店员转业委员会的通知》，提出通过组织劳资协商会议、摸底失业店员基本情况、组织专业训练等方式，解决店员失业和工时过长等问题。

2. 组织国营贸易系统职工开展爱国主义劳动竞赛

新中国成立初期，劳动竞赛主要是在国营工厂企业中开展，抗美援朝开始后，扩展到私营工厂企业。国营贸易系统职工开展爱国主义劳动竞赛，有力地保证了生产任务的完成。1950 年 11 月，店员工会全国筹备委员会印发《关于在商店中如何开展生产竞赛并转发两个经验材料的通知》，对上海、天津、太原、齐齐哈尔、佳木斯等地工会组织领导的在商店中开展竞赛所取得的成绩以及形成的经验表示肯定。通知指出，今后的中心任务是组织广大店员参加生产竞赛，并进一步明确公营商店开展生产竞赛的内涵、方式、意义、领导工作等。1951 年 9 月，店员工会全国委员会发布《关于国营商店开展劳动竞赛的几点意见》，指出要以降低商品流转费用作为爱国主义劳动竞赛的中心目标。

（二）中国食品工业工会对恢复经济和创建新政权的贡献

为落实全国总工会对组建产业工会的地方组织的要求，1949 年，全国各地轻工业企业在各地总工会的领导下先后成立了基层工会，轻工业较多的城市陆续成立了食品、轻工、盐业等产业工会。1950 年 3 月，全国总工会决定建立中华全国总工会食品工业工会工作委员会。同年 11 月，食品工业工会工作委员会召开工作

会议，推选产生了中国食品工业工会筹备委员会。1951 年 3 月，经全国总工会批准，中华全国总工会盐业工会工作委员会成立。同年 5 月，中国食品工业工会第一次全国代表大会在北京召开，出席正式代表 120 名，代表全国 30 万名食品工人职员及百余万名渔业劳动者。大会通过四项决议，成立了中国食品工业工会全国委员会，投票选出全国委员会和经费审查委员会。

1. 推广先进工作法

新中国成立后，劳动人民翻身做了主人，在社会主义建设中表现出了空前的劳动积极性和创造性，涌现了一大批劳动模范和先进工作者，创造了许多先进工作法。为在行业内推广先进工作法，1951 年 11 月，中国食品工业工会与中央轻工业部作出《关于推广先进工作法的联合指示》，指出学习和推广先进工作方法是普遍提高劳动生产率的最有效的办法，并要求各级轻工业、食品工业行政领导和企业管理机构及工会干部密切注意工人群众中的先进工作方法，一经发现，就要善于及时抓住，加以总结和推广，使之成为提高整个工业生产的巨大推动力量。

2. 组织动员工人参加抗美援朝、镇压反革命、民主改革、“三反”“五反”运动

新中国成立后，食品工业工会与其他类型的工会一样，在社会参与方面与国家发展同频共振，皆参加抗美援朝、镇压反革命、民主改革、“三反”“五反”运动。1950 年 10 月，全国总工会号召全国工人阶级开展抗美援朝、保家卫国运动，中国食品工业工会积极响应。1951 年 5 月召开的中国食品工业工会第一次全国代表大会发布了《关于深入开展抗美援朝时事政治教育的决议》，提出将时事政治教育形成一种经常制度，要求在已经开展的地方进一步普及深入，在尚未开展的地方有准备有组织地进行，并与镇压反革命运动和具体的生产鼓动工作密切结合。

（三）中国纺织工会对恢复经济和创建新政权的贡献

1949年6月，全国总工会决定建立全国总工会纺织工作委员会。1949年12月23日至1950年1月4日，中国纺织工会全国代表会议在北京召开，中央人民政府副主席朱德亲临指导。大会选举产生55名委员，组成中国纺织工会筹备委员会。会议通过多项决议，涉及工会组织、工会工作面向生产、废除搜身制度、国营公营工厂管理民主化、订立集体合同、职工文化教育等内容。1950年7月，中国纺织工会第一次全国代表大会在北京召开，成立了中国纺织工会全国委员会。大会通过《中国纺织工会章程》、纺织工会第一届全国委员会正式委员和候补委员名单，陈少敏任纺织工会全国委员会主席。

1. 废除“搜身制”

“搜身制”是旧社会统治阶级对工人人格上的一种极端侮辱，是严重违反人民政府保障人身自由政策的行为。立即废除搜身制度，已成为全国纺织工人群众的迫切呼声。1950年9月，纺织工会全国委员会办公室发布《关于检查“废除搜身制度决议”的执行情况的通知》并指出，除国营厂及少数私营厂废除搜身制度外，许多私营厂还未废除“这一侮辱工人人格、侵犯工人人身自由、妨碍生产的旧制度”。事实证明，废除这种旧制度后，工人群众都热烈欢庆自己的解放，更加爱护工厂，主人翁意识和生产积极性也得到了显著提升。

2. 改善纺织工人劳动条件

新中国成立后，国家把不断改善职工劳动条件和劳动保护作为办好工厂企业的一项基本方针，这也是工会组织的一项重要工作。1951年8月，中国纺织工会一届三次全委会议发布《关于改善缫丝厂中劳动条件的决议》，提出缫丝厂车间温度超过94华氏度（约等于35摄氏度）时应关车、中午应延长休息时间等，并提出应切实保护童工。

3. 开展女纺织工人思想文化教育工作

女性职工作为工人阶级的重要组成部分，为新中国经济恢复和政权创建作出了重要贡献。但在实践中仍然存在不少针对女性职工的错误思想，对此，1951 年 2 月，纺织工会全国委员会发布了《关于加强女工工作的指示》，要求各级组织必须清楚认识获得了解放的纺织女工和家属力量的伟大，彻底纠正那些轻视女工工作以及家属工作的错误思想，从而加强女工工作和家属工作，具体包括提高纺织女工及家属的爱国主义热忱、组织女工展开爱国主义生产竞赛、解决女工的特殊困难、加强女工的思想教育和文化技术教育、培养女工干部等。

4. 关心纺织工人身体健康，举办集体福利事业

国民经济的恢复，为改善工人的劳动生活条件奠定了基础。在改善工人劳动条件和生活状况的过程中，从党和政府到工会组织都采取了一系列措施，取得了明显成效。

在全国总工会的领导下，1952 年 7 月，中国纺织工会全国委员会一届四次全体会议对托儿所工作提出意见，指出现有托儿所应首先收容离厂较远的和家里无人照顾孩子的女工的孩子；没有托儿所的厂应建立托儿所，托儿所太小的应适当扩大；在工人集中居住的地方建立托儿站；建立和健全哺乳室，加强哺乳室的管理，改善现有的设备，做好清洁卫生工作。意见还明确工会应加强对托儿所的领导，建立托儿所的管理制度，加强保育人员的教育。会议要求，为使劳动模范、先进工作者及积极工作的干部能得到适当的休养，增进身体健康，纺织工会全国委员会用劳动保险基金及 1950 年政务院财经委员会奖励的 5 亿元奖金和全国委员会经费结余部分，在青岛建设拥有 200 个床位的中国纺织工人休养院。同年 8 月，中国纺织工人休养院建成。此后，考虑到劳动模范的实际需要，中国纺织工会全国委员会又将青岛的休养院逐

渐改为疗养院。

国民经济的恢复，物质文化生活条件的改善，极大地调动和激发了工人群众生产的积极性和创造性，进一步积蓄起开展大规模经济建设的力量。

二、在社会主义制度的建立中发挥工会作用

1953 年 6 月，中共中央政治局正式讨论和制定党在过渡时期的总路线，根据党在过渡时期总路线的要求，国家制定了从 1953 年到 1957 年国民经济发展的第一个五年计划。1953 年 11 月，全国总工会发出《关于学习、宣传与贯彻过渡时期总路线的指示》，要求各级工会把总路线的学习作为工会最基本的思想建设，满腔热情地投身到工业化建设和社会主义改造的伟大事业中。商业工会、轻工业工会、纺织工会通过各种形式建设社会主义制度。

（一）中国商业工会对建立社会主义制度的贡献

1955 年 12 月，店员工会召开第二届全国代表大会，将中国店员工会改称为中国商业工会。1956 年 7 月，成立中国供销合作工会筹备委员会。1957 年 6 月，中华全国总工会粮食工会工作委员会宣布成立。

1. 加强职工政治思想教育和工会组织建设

“一五”期间，职工队伍迅速扩大，职工思想意识方面的问题也逐渐显现。为此，从 1953 年到 1954 年，在全国范围内开展了总路线教育、整顿劳动纪律教育。1954 年 7 月召开的店员工会宣传工作座谈会明确指出：工会宣传工作是工会工作的一部分，是党的宣传工作的助手，基本任务是向全体职工进行共产主义教育，达到使职工在自觉的基础上建设社会主义的目的。在国家过渡时期，工会宣传工作的中心任务就是向职工群众普遍深入地进

行总路线的宣传教育，划清资本主义与社会主义的思想界限，自觉地为把我国建设成为伟大的社会主义国家而斗争。随着对职工政治思想教育的开展，职工政治觉悟得到了提高，工人阶级的意识得到了培养。

2. 开展增产节约运动

开展群众性增产节约运动，是党在新中国成立后依靠工人阶级发展国民经济的一项重要手段。增产节约运动主要表现为劳动竞赛和推广先进经验与先进方法。1955 年 6 月，店员工会发布《关于在食品系统开展劳动竞赛的意见》，充分肯定在竞赛中涌现出的大批模范人物和先进工作者，总结了不少先进经验，在完成出口任务、保证城市和工矿区副食品的供应、支援国家建设等方面发挥了作用。

3. 召开商业代表经验交流会

先进生产者为国民经济的恢复与发展贡献了不可或缺的力量。为推动全国先进生产者运动的开展，1956 年“五一”国际劳动节期间，全国先进生产者、先进工作者代表会议在北京召开，来自工业、科技、教育、文化、卫生等各条战线上的 6000 多名先进生产者和先进工作者代表参会。会后，商业工会、商业部与出席此次会议的商业系统代表召开经验交流会。同年 6 月，商业工会主席张庆春在全国百货、食品系统先进工作者代表会议上作报告，希望本系统涌现出更多的先进人物和先进经验。

4. 推行八小时工作制

1952 年，国民经济恢复工作刚刚结束，政务院在《关于劳动就业问题的决定》中规定：“为保证职工健康，提高劳动生产率，扩大就业面，应有计划地、有步骤地坚持贯彻八小时至十小时工作制，一切较大的公私合营工矿交通运输企业均应尽可能实行八小时工作制。一切公私企业的加班加点均应受到严格的限制。”

1955年12月，店员工会召开第二届全国代表大会，大会通过《关于在商业和对外贸易企业中实行八小时工作制向商业部、对外贸易部的建议》。1957年8月，中国商业工会、山西省商业工会联合工作组、太原市第二商业局联合调查组总结了太原钟鼓楼饭店贯彻八小时工作制的经验，并将正确执行八小时工作制订为劳动竞赛评比条件。

（二）中国轻工业工会对建立社会主义制度的贡献

1954年初，中华全国总工会轻工业工会工作委员会成立，下设盐业工会工作委员会，并设有办公室、生产工资部。1956年11月，中国轻工、食品工业工会第一次全国代表大会召开，成立了中国轻工业工会全国委员会和中国食品工会全国委员会。各设有办公室、生产部、工资部、组织部、宣传部、劳动保护部、劳动保险部、女工部。

1. 组织推广先进技术和生产经验，开展增产节约和劳动竞赛

为落实中国工会七大报告提出的工会组织引导群众深入开展劳动竞赛，发挥工人、工程技术人员和职员的积极性和创造性，1953年11月，轻工业部、地方工业部、全国总工会轻工业工会工委作出《关于在轻工业系统深入开展劳动竞赛，保证完成第一个五年计划的指示》，其中强调：要把劳动竞赛不断地推向新的高潮，必须加强对职工的政治思想教育工作，必须贯彻学习技术、改进技术、掌握新技术的方针，必须加强群众生产会议制度，必须加强组织领导，还必须把改善群众的生活和加强群众的政治思想教育结合起来。

2. 召开先进生产者代表大会

根据“一五”计划要求和中国工会七大提出的方针任务，从1953年5月起，各级工会加强了群众生产工作，动员和组织职工超额完成国家下达的生产任务。1956年2月，在中共中央和国务

院的倡导下，全国总工会七届十次主席团会议通过了《关于开展先进生产者运动的决议》，对开展先进生产者运动的指导思想、原则及评定授予荣誉称号等问题，提出了具体意见。

为推动全国先进生产者运动的开展，1956 年 4 月 16 日至 25 日，轻工业部、地方工业部、粮食部、商业部、全国供销合作总社及全国轻工业工会和盐业工会共七家单位在北京联合召开了轻工业全国第一次先进生产者代表大会，总结、交流并推广了各自的先进经验。

3. 开展职工劳动保护、劳动保险和业余体育工作

在"一五"期间，职工劳动条件的改善尚难适应生产的发展需要，部分行业的职工伤亡情况较为严重。随着"一五"计划的超额完成，劳动安全问题进一步引起重视。1956 年 12 月，食品工业部、地方工业部、轻工业工会、食品工业工会发布联合通知，对进一步做好签订劳动保护协议书工作提出要求。

在加强职工劳动保护工作的同时，职工劳动保险事业也在发展。1954 年 12 月，全国总工会轻工业工会工委分析了各地工会劳动保险工作在实施中遇到的问题并提出相应的意见。1953 年 1 月，政务院通过了《关于中华人民共和国劳动保险条例若干修正的决定》，进一步扩大了劳动保险的实施范围。1956 年，在全国总工会召开的全国工会劳动保险、生活住宅工作会议结束后，轻工业工会工委召集参加会议的 10 个省（市）轻工业工会主席和劳动保险部部长开展座谈，交流职工劳动保险方面的做法。1957 年，轻工业工会、食品工业工会关于轻工业、食品工业职工劳动保险和生活住宅情况的调查报告指出，目前在劳动保险金的使用和管理方面还存在一些尚待研究改进的问题，须进一步引起重视。

开展职工业余体育活动是工会工作的一项重要内容，可有效改善职工的身体素质，促进职工之间的有益交流。1954 年 10 月，根据中央的指示精神，全国总工会和国家体委联合召开全国职工

体育工作会议，通过了《关于开展职工体育运动暂行办法纲要》和《职工体育协会暂行组织条例》。对此，1955 年 10 月，轻工业部、地方工业部、全国总工会轻工业工会工委发布《关于各企业要重视和加强体育工作的联合通知》，强调职工体质和健康水平直接关系到劳动生产率的提高，要求各专业局、各省（区、市）人民委员会工业厅和工业局、各级轻工业工会、各企业重视并支持职工体育运动，提高运动的技术水平。1956 年 3 月，中国盐业体育协会全国理事会在北京正式成立。同年，根据国家体育运动委员会、全国总工会《关于成立产业体育协会的指示》，轻工业部、地方工业部、全国总工会轻工业工会工委成立了“中国红旗体育协会”，并组织轻工业工人参加第一届全国职工体育运动大会。

（三）中国纺织工会对建立社会主义制度的贡献

中国纺织工会积极开展各项工作，为坚决执行《中华人民共和国工会章程》，总结前一阶段工作并布置今后的任务，1953 年 8 月，中国纺织工会第二次全国代表大会在天津召开，大会取消了《中国纺织工会章程》。

1. 开展劳动竞赛，推广先进工作经验

为响应全国总工会《关于进一步开展增产节约劳动竞赛，保证全面地完成国家计划的紧急通知》，1953 年 9 月，纺织工会全国委员会发出《关于开展增产节约劳动竞赛，保证全面完成和超额完成国家计划的号召》。

“一五”期间，全国各行各业越来越重视总结本系统的先进经验，并进行学习、推广，努力将已有经验推广为广大职工普遍掌握的共同财富。“郝建秀工作法”推广后，工人的技术水平和熟练程度得到提高，劳动生产率空前提升。纺织工会全国委员会号召全体纺织工人、技术人员、管理人员和全体工会干部积极学

习“郝建秀工作法”和“一九五一织布工作法”，并继续改进各生产部门的操作方法。

2. 推行集体合同制度

在国民经济恢复时期，国家曾提倡在企业中推行集体合同制度，但因条件不成熟，只有少数企业建立了这个制度。中国工会七大强调，凡企业管理制度初步形成，有一定生产计划和生产定额的企业，均须推行这一制度。1953 年 10 月，纺织工业部、纺织工会全国委员会发布《关于在国营工厂中签订集体合同的联合指示》，指出签订集体合同必须贯彻群众路线，要求在小组讨论国家计划的基础上，制定集体合同草案，将集体合同草案交给全体职工群众讨论，并召开代表会议讨论通过，由厂长和工会主席当场签订。

3. 坚持安全生产方针，加强劳动保护，改善职工劳动条件

加强劳动保护，尤其是做好卫生保健工作是保障职工身体健康、提高出勤率的关键之一。对此，1953 年 5 月，纺织工业部、纺织工会全国委员会发布《关于加强劳动保护工作提高出勤率的联合指示》，强调应从技术安全、卫生保健、生活福利三方面充实企业的劳动保护工作专营机构。1955 年 12 月，中国纺织工会二届四次全委会议在《告全体纺织职工书》中指出，工会组织应加强劳动保护工作，帮助群众克服困难，充分发挥工会的监督作用。

女职工保护是加强职工劳动保护的重要内容。1953 年 12 月，纺织工业部、纺织工会全国委员会在有关保护女工工作的指示中指出了各地企业在女工保护工作方面存在的错误观点及其危害，要求予以纠正。

4. 改善职工生活

在改善职工生活的过程中，广大职工的生活水平得到提高，

生活困难得到解决，党和国家的温暖也传递到了职工心中。广大职工以更多的精力和更大的热情投入国家的建设中。1957 年 8 月，纺织工业部、纺织工会全国委员会在向国务院的报告中提出提高福利补助费提取比例的建议。报告指出，纺织工业提取的福利补助费（职工工资总额的 2.5%）难以满足实际支出，因此希望根据纺织企业托儿事业负担重的特点，适当提升福利补助费提取比例，或允许由企业营业外损益项下弥补福利补助费超支部分。

5. 建立工会工作新秩序，加强工会组织建设

工会组织建设对于凝聚职工向心力、提升工会工作质量具有重要意义。1955 年 6 月，纺织工会全国委员会主席团在中国纺织工会第一次基层组织工作会议上明确指出，基层组织必须切实执行《中华人民共和国工会章程》，每年召开一次全体会员大会或代表大会，向会员群众报告工作，进行改选，组织群众对工会工作开展批评与自我批评，并每月或每季向群众公布财务开支账目，把工会工作放在广大群众监督之下。

同年 7 月，纺织工会全国委员会在《关于加强纺织工会基层组织的建设工作的几项决定》中指出，为了使基层组织的组织机构能深入群众、接近群众，发挥工会的组织作用，必须减少基层组织的组织层次；车间的工会组织应以车间为单位建立车间委员会，以适应生产的需要和群众的需要，更好地依靠小组进行工作；工会小组应根据《中华人民共和国工会章程》的规定，按照生产单位或工作单位建立。

第七章
社会主义探索与曲折发展时期的财贸轻工纺织工人和工会工作

一、全面建设社会主义时期的工会工作

自1957年开始，国家进入了全面建设社会主义时期。在这一阶段，参与全面建设社会主义、努力建设社会主义现代化强国是财贸工会、轻工业工会、纺织工会面临的任务与使命。

（一）全面建设社会主义时期的财贸工会工作

在新的历史时期，中国工人阶级和工会工作也面临新的任务和使命。1959年1月，全国总工会对产业工会进行调整，将商业工会、金融工会、合作社工会、粮食工会合并组建中国财贸工会。1963年9月，财贸工会全国委员会在北京召开财贸工会负责同志座谈会。会议指出，进一步加强财贸系统工会组织建设是当前的客观需要，而加强基层工会建设又是工会组织建设的关键；当前基层工会在发动职工积极参加企业“五反”运动的同时，必须在党委的领导下，对工会本身进行一次全面的整顿。

1. 组织动员职工掀起学“天桥”技术革新

尽管受到“大跃进”和人民公社等“左”倾错误的影响，工会工作遭受严重冲击，但广大职工群众仍然广泛深入地开展了增产节约、技术革新与新技术革命运动，以突出的成绩发挥了主力

军作用。商业工会全国委员会号召商业系统职工学习北京天桥百货商场职工打破陈规、提出改进工作的方案，促进商业工作的发展。

2. 组织召开出席全国群英会的商业代表经验交流会

为表彰在国家建设中作出重大贡献的先进集体和先进个人，总结推广先进经验，中共中央、国务院采纳全国总工会的建议，决定召开全国工业、交通运输、基本建设、财贸方面社会主义建设先进集体和先进生产者代表大会（全国群英会）。1959 年 11 月，财贸工会组织出席全国群英会的财贸系统代表召开经验交流会，动员全国商业职工掀起支援工农业生产新高潮。大会向全国商业职工发出倡议书，内容包括促进农业生产大发展、促进副食品生产和多种经营大发展、促进轻工行业生产和手工业生产大发展、组织好人民经济生活、加快步伐向红专进军等。

3. 为人民群众和财贸职工排忧解难，齐心协力战胜暂时经济困难

三年困难时期，职工生活非常窘迫。根据中央指示，1961 年 3 月，全国总工会召开了 19 个省、市、自治区总工会，7 个省属工会，11 个基层单位负责生活的干部座谈会，研究贯彻中共中央关于工会侧重抓职工生活工作的指示。同年 8 月，中国财贸工会上海市委员会对上海地区 13 个基层商店的职工经济生活及健康状况进行调查，指出职工困难补助中存在的问题并提出相应的对策。针对工时过长、会议过多、职工的公休日不能保证等突出问题，1964 年 8 月，财贸工会在关于财贸系统劳逸结合情况的报告中要求严格控制业余活动，精简会议，精简机构，简化业务手续，合理调整劳动组织，克服官僚主义。

4. 推行职工代表大会制度

为有效扩大企业民主，提高职工群众的主人翁责任感，巩固职工代表大会取得的成绩并总结经验，1958 年 4 月，商业工会组

织部发布关于在商业系统推行职工代表大会制度情况的报告，强调建立此项制度的必要性与可行性，要求通过此项制度进一步研究解决新的问题，总结新的经验；同时还要求尚未推行此项制度或推行不好的地区应认真研究其他单位经验，全面推行。

（二）全面建设社会主义时期的轻工业工会工作

1956 年 11 月，中国轻工业工会和中国食品工会成立，各设有办公室、生产部、工资部、组织部、宣传部、劳动保护部、劳动保险部、女工部。1958 年 2 月，食品工业工会与轻工业工会合并为中国轻工业工会。1958 年 8 月，中华全国总工会盐业工会工作委员会并入中国轻工业工会。

1. 组织动员职工贯彻执行国家经济调整方针

“大跃进”和国民经济调整时期，轻工业工会积极组织动员职工贯彻执行国家经济调整方针。1958 年 4 月，轻工业工会与轻工业部印发《关于在造纸工业中进一步开展厂际竞赛的联合通知》，以便及时开展厂际之间的活动。1959 年 5 月，轻工业工会与轻工业部发布《关于颁发〈烟草工业厂际红旗竞赛条例〉和开展厂际竞赛的联合通知》，决定在全国烟草工业范围内（全部卷烟厂和部分雪茄烟及烟丝厂）开展厂际红旗竞赛。1964 年 4 月，轻工业工会与轻工业部盐务总局印发《关于在制盐工业企业内进一步开展“比、学、赶、帮”活动和“五好”竞赛运动的意见》，旨在掀起增产节约运动新高潮，把制盐工业的各项工作推向新的水平。

2. 组织动员职工学大庆、学解放军和开展社会主义教育运动

在学大庆、学解放军和开展社会主义教育运动背景下，轻工业工会通过多种方式推进学习教育深入。例如，1963 年 1 月，轻工业工会全国委员会、轻工业部制盐工业局在《对开展增产节约运动的几点意见》中指出，增产节约社会主义劳动竞赛，必须在

党委的统一领导下，行政、工会、共青团密切配合，共同组织。

（三）全面建设社会主义时期的纺织工会工作

在全面建设社会主义时期，纺织工会通过多种形式开展工作。

1. 推广先进经验

党的八届十中全会以后，各级工会工作受到“左”倾错误的冲击，在中共中央领导下，工会工作在艰难中得到一定程度的恢复和加强。纺织工会积极发展生产，推广先进经验。1965 年 10 月，纺织工会全国委员会、纺织工业部联合下发通知，要求学习石家庄国棉二厂织布挡车工人仇锁贵的先进操作经验。

2. 加强职工劳动保护、工资、生活福利和女职工保护、职工家属工作

这一时期，纺织工会通过不同形式的举措加强职工劳动保护、工资、生活福利和女职工保护、职工家属工作。例如，1961 年 10 月，纺织工会全国委员会、纺织工业部发布《关于河北、河南、湖北精简职工的调查报告》。报告特别提到女职工存在的困难，如编余人员的特点是女工多，安排转业比较困难等。

3. 贯彻社会主义建设总路线，参加纺织工业“大跃进”

为贯彻社会主义建设总路线，参加纺织工业“大跃进”，1960 年 5 月，纺织工会全国委员会分党组在《关于全国棉纺织先进经验观摩传播队在各地区活动情况给全总党组的报告》中指出，各地区各工厂组织小组长以上的干部听取先进小组的工作经验介绍，从而更加明确了加强小组工作的重要性，也更清楚该如何深入生产一线。

二、推动实现历史性转变的进程

1966 年至 1976 年，各全国产业工会停止工作。“文化大革

命”给财贸工会、轻工业工会、纺织工会带来了严重灾难，工人运动遭受严重破坏。工会系统多年积累的管理经验和管理制度被否定，大批管理干部、技术干部“靠边站”，许多企业处于停产或半停产状态，产品质量下降，劳动生产率降低，长期不能完成生产计划。广大财贸职工、轻工业职工、纺织职工与“四人帮”进行了积极斗争，坚决抵制“文化大革命”错误，在天灾人祸双重压力面前临危不惧，积极发展生产，在十年“文化大革命”动乱期间作出了应有的贡献。

1976 年 10 月，“四人帮”被粉碎后，财贸工会、轻工业工会、纺织工会组织职工参加揭批“四人帮”活动，热烈庆祝党中央一举粉碎“四人帮”篡党夺权阴谋的伟大胜利，决心振奋精神，在党中央领导下，增强职工队伍内部的革命团结，搞好各项工作。

1978 年中国工会九大以后，经中央组织部同意，全国总工会把几个类同的产业工会组成产业联合办公室，之前已调离的财贸工会的部分人员又陆续调回来。1978 年 6 月，中共中央召开了全国财贸“双学”会议，李先念等国务院领导同志在会上作了重要讲话，强调全面恢复被“四人帮”破坏了的全心全意为人民服务的优良传统，主动、热情、耐心、周到地为群众服务，不断改善服务态度，提高服务质量。

第三编

改革开放和社会主义现代化建设新时期的财贸轻纺烟草工运事业

第八章
改革开放初期的财贸轻工纺织工人和工会工作

一、改革开放初期的财贸工人和工会工作

（一）财贸工会恢复工作并召开第一次工作会议

1978年10月11日至21日，中国工会第九次全国代表大会在北京召开，标志着全国总工会作为全国工会领导机关的活动正式恢复。其时，经中央组织部同意，产业工会联合办公室成立。财贸工会的工作得以恢复，由安力夫担任主席，工会内部设商业、供销、外贸三个组。1979年下半年又改为“三部一室”，即生产部、组宣部、生活部和办公室，人员编制为20人。

1980年11月，恢复后的全国财贸工会第一次工作会议在北京召开，各省、市、自治区和部分省辖市财贸工会的负责同志及部分县总工会财贸基层企业工会的负责同志共116人出席会议。商业部、粮食部、外贸部、全国供销合作总社的同志也参加了会议。会议着重交流了工会组织维护广大财贸职工的民主权利和物质利益的经验，交流了搞好文明经商、优质服务、提高服务质量的经验，还交流了对职工群众进行政治、文化、业务技术教育和工会组织建设方面的经验。会上通过《关于支持职工群众同违反“准则”的不正之风作斗争的决议》，表示工会组织坚决支持职工

群众抵制和揭露违反中共中央《关于党内政治生活的若干准则》的一切不正之风，做立志改革的促进派。

（二）落实中央关于稳定物价的要求，动员职工文明经商

1980年4月，中共中央、国务院印发《关于加强物价管理，坚决制止乱涨价和变相涨价的通知》。结合全国总工会贯彻执行通知要求，财贸工会召开十个城市有关物价问题的座谈会，研究菜场、副食店、饭店职工发挥群众监督作用、正确贯彻执行物价政策的举措，要求认真推广相关经验，发展和巩固安定团结的政治局面。此后，财贸工会先后到云南、福建、江西、浙江、北京、天津等地调查市场物价，注意到农副产品生产收购问题、议购议销问题、多种流通渠道管理问题、政策性亏损问题、投机倒把问题等依旧影响物价稳定，指出物价上涨是长期以来国民经济严重失调的结果。同时，财贸工会也非常重视地方经验，向各地财贸工会转发上海市虹口区三角地菜场"严格执行物价政策，切实维护群众利益"的经验材料。

在稳定物价的过程中，财贸工会积极从自身做起，努力提高职工素质。1980年，财贸工会发动群众开展增产节约活动，具体内容包括支援生产、提高服务质量、改善经营管理、减少商品损失、节约流转费用、提高劳动效率和资金利用率等。为了提高职工业务技术水平，财贸工会还组织开展技术革新、技术协作、技术表演和群众性合理化建议活动。全国财贸工会第一次工作会议通过了《关于动员职工文明经商、礼貌待客、优质服务的决议》，要求做好改善服务态度、认真执行物价政策、方便顾客购买、讲究卫生等工作。1981年3月，财贸工会与商业部、粮食部、对外经济贸易部、财政部、全国供销合作总社、中国人民银行、国家工商行政管理总局、全国银行工会共同发布《关于在全国财贸部门开展文明礼貌月活动的联合通知》，要求全国财贸职工响应党

中央大力加强社会主义精神文明建设的号召，响应全国总工会、共青团中央、全国妇联发出的“五讲四美”倡议，广泛深入开展文明礼貌活动。

（三）开展企业民主管理，维护职工权益

1981 年，各地在亏损或保本微利的饮食、服务、煤炭、食品、蔬菜等行业以及小型零售商业企业中试行经营责任制，其后逐步发展到中型企业。财贸工会注意到实行责任制后企业发生的积极变化，如销售额提高、损失浪费减少、扭亏增盈等；同时也注意到存在的问题，如认识不足、职工收入不平衡、克扣群众、劳动保护待遇受冲击等。早在工会九大以后，部分基层供销合作社便开始建立职工代表大会制度。1981 年 5 月至 6 月，全国总工会、国家经济委员会、中央组织部在北京召开全国企业民主管理座谈会，制定了《国营工业企业职工代表大会暂行条例》。同年 7 月，财贸工会、商业部、粮食部、对外经济贸易部、全国供销合作总社联合下发《关于在财贸系统推广和完善职工代表大会制度加强企业职工民主管理的通知》，通过推行企业民主管理维护职工权益，引导职工更好地服务群众。此后，又在辽宁大连召开全国财贸企业民主管理座谈会，学习贯彻中共中央、国务院《关于转发〈国营工业企业职工代表大会暂行条例〉的通知》和全国企业民主管理座谈会的精神，总结交流了财贸企业实行民主管理、推行和完善党委领导下的职工代表大会制度的经验。各省（区、市）财贸部门及财贸工会的负责同志等 150 人参会。

20 世纪 80 年代以来，职工集体福利事业开始兴起。1980 年，财贸系统对各地职工生活进行了大检查，在边查边改的过程中解决了一些实际问题，但职工生活设施方面存在的问题仍然突出，如多数单位无食堂、部分单位缺少休息场所、幼儿入托困难、职工住房紧张等。财贸工会意识到了问题的严重性，也了解到问题

产生的原因，并将相关情况汇报给党中央。

二、改革开放初期的轻工业工人和工会工作

（一）轻工业工会恢复工作并召开部分地方轻工业工会负责人座谈会

全国总工会恢复工作后，产业联合办公室成立，中国轻工业工会李淑英为负责人之一。1979 年初，中国轻工业工会恢复工作，内部机构为办公室、生产部和生活保护部，李淑英任中国轻工业工会主席。

中国轻工业工会恢复工作后，1980 年 10 月，部分省、市轻工业工会负责人座谈会在北京召开。会议总结了轻工业工会工作情况，介绍了部分地区的工作经验，提出了今后一段时间内的工作任务。会议还就立功活动、职工代表大会等问题进行了研讨，统一了思想认识，产业工会建设、工会干部民主权利保护等普遍存在的问题同样在会上进行了研讨，得到了全国总工会的关注。

（二）举办厂际竞赛，学习先进经验

自 1979 年以来，为深入开展增产节约运动，轻工业工会联合轻工业部举办了多项厂际竞赛，如围绕产量、质量、消耗、成本四项指标进行的全国新闻纸同产品厂际竞赛，又如围绕产量、质量、品种、成本降低率、利润五项指标进行的全国自行车厂际竞赛，再如围绕产品质量、瓶胆总损失率、燃料和材料消耗为竞赛指标进行的全国保温瓶行业厂际竞赛，等等。此类厂际竞赛原计划每年开展，但因形势要求的变化，相应的竞赛形式逐渐在 1984 年前后终止。其间，天津、上海、广州等地先后举办过自行车厂际竞赛评比会，湖北沙市、福建福州、河北石家庄、安徽芜湖等

地先后举办过全国保温瓶行业厂际竞赛，参与竞赛的单位和职工数量不断上升。

在通过竞赛提高职工技术的同时，轻工业工会也注重发动各地学习先进地方的工作经验，特别是管理经验。1981 年 7 月，轻工业部在上海召开全国轻工业学上海、学沿海、学先进和质量管理经验交流会，轻工业工会邀请北京、天津、江苏、广东、武汉、青岛、哈尔滨等部分省市轻工业工会（或一轻工会、手管局工会）主席派员参加。李淑英在会上指出，中央提出的学习和移植上海、沿海的先进技术和先进管理经验是挖掘现有企业潜力、提高经济效果的一个行之有效的捷径，并要求工会在“三学”活动中发动群众提合理化建议，大搞技术革新，千方百计提高产品质量，提高经济效益。会上还提出要加强职工思想教育工作。

（三）加强安全生产，推进民主管理

1981 年 4 月，轻工业部、轻工业工会在广西桂林召开轻工业劳动保护调查研究座谈会，会议交流经验，重点研究了降低伤亡事故的具体措施，要求落实把当年事故降低 15% 的措施和办法，并对轻工业系统的危险厂房及设备进行一次摸底调查。会后，轻工业工会印发关于加强群众劳动保护工作的通知，要求各级工会建立健全群众劳动保护工作机构，认真监督国家有关劳动保护政策法令的贯彻执行。此外，轻工业工会还与轻工业部联合组织广东、湖南、贵州、安徽、江苏等省轻工业工会派员赴上海、天津参观学习冲压设备防护装置。

同样是这段时间，在轻工业领域，粉尘危害问题受到关注。1981 年 10 月，轻工业工会先后派人前往河北唐山、湖南长沙、湖南株洲、吉林市的轻工业系统的日用陶瓷企业，就粉尘危害问题进行调查。

职工的健康与安全都是职工权益的一部分，企业民主管理对

于职工权益至关重要。1979 年，轻工业工会积极落实工会九大相关精神，赴上海等地了解轻工业系统召开职工代表大会的情况，特别是在实行民主管理、民主监督、民主选举过程中产生的经验和遇到的问题。1981 年 8 月，《国营工业企业职工代表大会暂行条例》发布后，轻工业工会与轻工业部联合下发《关于加强民主管理，建立和健全职代会制度的通知》，要求有组织有计划地普遍建立健全所属工业企业的职工代表大会制度。

三、改革开放初期的纺织工人和工会工作

（一）纺织工会恢复工作

1979 年 12 月，全国总工会书记处决定将纺织工会从轻工业工会分离出来，恢复纺织工会，孙洪敏、刘永生为中共纺织工会工作委员会分党组副书记。恢复后的纺织工会实际是全国总工会的一个部门。1980 年 2 月，中国纺织工会全国委员会组建，孙洪敏、王瑞玉任副主席，王巧娣任秘书长。

（二）注重职工思想教育，表彰操作能手

1981 年 4 月，纺织工会将上海第二十八棉纺织厂开展以道德风尚为主要内容的社会主义精神文明教育的经验材料印发给各地纺织工会，要求参考学习。同年 10 月，纺织工业部、共青团中央、纺织工会在河南郑州召开全国棉纺织青工操作交流会。会后，三部门作出《关于表彰纺织青工操作能手和特邀操作能手的决定》，表彰出席会议的青年操作能手代表 126 名和特邀操作能手 45 名。

（三）推进民主管理，重视女工权益

党的十一届三中全会以后，随着党的指导思想上的拨乱反正和一系列方针政策的制定和执行，女工保护工作重新得到重视。各级纺织工会恢复建立以后，积极协助行政做好女工保护工作。1981 年 5 月，纺织工会对上海棉纺织厂女工四期保护情况、天津纺织系统女工保护工作情况进行了调查，总结了注意女工经期卫生、减轻怀孕女工劳动强度等做法，并提出制定专门的女工保护条例的建议。

1981 年，纺织工会在上海和天津的蹲点调查，发现纺织行业工人工资普遍大幅下降，劳动报酬同生产责任、经济效果严重脱节。为此，纺织工会与纺织工业部组成调查组，赴河北、山东等地，调研在企业推行经济责任制的情况。在对比几种奖励形式后，纺织工会提出在有条件的企业试点推行岗位工资全额计件工资制的建议。这一建议推动纺织行业工资改革，使纺织企业一线工人逐步恢复岗位工资全额计件工资制。

1981 年 7 月，《国营工业企业职工代表大会暂行条例》发布后，纺织工业部党组召开扩大会议，贯彻全国工业企业民主管理座谈会的精神，研究讨论进一步推行和健全纺织企业民主管理的问题。纺织工会参加会议，并与纺织工业部联合下发通知，要求各地进一步认识工业企业实行民主管理的重要意义，在建立党委领导下的职工代表大会制的同时，进一步推行党委领导下的厂长负责制，贯彻实施《国营工业企业职工代表大会暂行条例》。

第九章
在深化改革扩大开放时期的财贸轻工纺织工人和工会工作

一、在深化改革扩大开放时期的财贸工人和工会工作

1981 年底到 1982 年，根据中共中央精简机构的精神，财贸、轻工、纺织、建筑、农林等五个产业工会合署办公，作为全国总工会的一个工作部门，并成立了“联合办公室领导小组”。财贸工会副主席胡银贵任领导小组组长。各产业工会内部机构也进行了调整，财贸、轻工、纺织分别成立综合处、调研处。合署办公持续到 1984 年 11 月结束。

1988 年 8 月，刘培华任财贸工会主席。

（一）财贸工会第三届全委会召开

1982 年至 1986 年，全国十二城市财贸工作经验交流会定期召开。1986 年起，全国财贸工会工作会议定期召开。相关会议落实中央要求，关注工会自身建设改革，关注职工队伍变化，关注工会工作创新发展，对于各地财贸工会统一思想、提高认识、交流经验、指导工作等具有重要意义。

1991 年 3 月，中国财贸工会第三届全国委员会第一次全体会议在北京召开，财贸工会主席张绍先在第一次全体会议上作《团结、动员广大财贸职工，为实现“八五计划”的宏伟目标而努力

奋斗》的工作报告。大会选举张绍先为中国财贸工会第三届全国委员会主席，吴坚、张继平为副主席，金屏为兼职副主席，委员会由 91 位委员组成。大会对财贸工会全国委员会恢复以来的工作给予充分肯定，同意报告中提出的今后财贸工会工作的方针、任务和努力方向。1992 年 1 月，中国财贸工会第三届全国委员会第二次全体会议在山西太原召开，会上讨论通过了《中国财贸工会“八五”工作规划》。

（二）加强职工思想教育，开展职业道德建设工作

1981 年 2 月，全国总工会、共青团中央、全国妇联、全国文联等九个团体联合发出《关于开展精神文明礼貌活动的倡议》，“五讲四美”文明礼貌活动由此开展。在 1982 年 4 月召开的全国十二城市文明经商经验交流会上，北京、天津、上海、沈阳、哈尔滨等 12 座城市的财贸工会及先进代表交流了开展以“五讲四美”为主要内容的文明经商活动和做好思想政治工作的经验，并向全国财贸企业和财贸职工发出倡议书，内容涵盖坚持思想领先的原则、坚持社会主义经营方向、改进工作作风等。此后，财贸工会又和商业部在进一步开展“五讲四美三热爱”活动的相关意见中明确要以治“差”为重点搞好综合治理，建设文明单位。

配合“五讲四美”活动的深入开展，财贸工会在全国商业系统积极推动职业道德建设工作。早在 1982 年，深圳饮食服务公司对职工进行职业道德基本知识教育的做法便在特区财贸职工中进行了推广，随后又在广东省范围内推广。1983 年 9 月，在广州召开的全国十二城市财贸工作经验交流会上，代表们交流了财贸战线提高经济效益和服务质量的经验，并向全国财贸企业和广大职工发出了《坚持社会主义经营方向，维护消费者利益》的倡议书。1985 年 7 月，中国财贸工会调查组会同广东省财贸工会对当地开展社会主义商业职业道德教育的情况进行了调查。1986 年 11

月，财贸工会联合商业部在广东召开了商业职业道德教育经验交流会。会议明确：加强商业服务部门的职业道德建设，工会负有重要责任，应积极参与职业道德建设的规划和实施，扎扎实实把职业道德建设落到实处。会后，财贸工会发布《关于贯彻〈中共中央关于社会主义精神文明建设指导方针的决议〉进一步开展职业道德建设的通知》，此后又发布《关于进一步加强商业服务部门职业道德建设的意见》，要求通过培养职工的职业道德意识来提高职工的思想道德素质。

职工思想状况与社会形势变化密切相关。1984 年 7 月召开的全国十二城市财贸工作经验交流会议指出，流通领域的改革是城市经济改革的重要方面，商业过去的管理体制和管理办法已经不适应新形势要求，办好商业服务需要适应改革中出现的新情况新问题。对此，工会应充分发挥积极作用。此后的全国十二城市财贸工作经验交流会上多次交流商业体制改革的经验与问题，寻求“两个文明”一起抓的新路子，加强思想政治工作的针对性和群众化，建设“四有”职工队伍。1988 年 3 月至 4 月，中国财贸工会与北京、天津、上海等地财贸工会对 10 个城市 3200 多名商业一线职工的思想状况进行了调查。调查关注到了职工思想正处于异常活跃又矛盾重重的状态中（如支持改革但对改革又有疑虑），指出企业思想政治工作软弱无力的状况必须改变。

1985 年 4 月，财贸工会在河南洛阳召开商业系统部分劳动模范座谈会，会上明确：当前在进行理想纪律的教育时，要以共产主义思想为指导，正确对待和实行按劳分配，靠实干去实现理想，自觉遵守纪律。同年 11 月，财贸工会在北京召开全国商业思想政治工作会议，交流加强商业职工思想政治工作的经验，研究新时期思想政治工作的新途径、新方法，重点研究加强经济改革中的思想政治工作。会上成立了中国商业职工思想政治工作研究会，并制定了研究会章程。随着工作的深入开展，财贸工会积极引导职工充分认识到商业是精神文明建设的重要窗口，从而端正商风，搞好服务，促进改革。

除商业系统外，外贸系统、旅游系统的职工也是财贸工会的服务对象。1986 年 10 月，财贸工会组织北京、天津、辽宁、山东、上海、广东的外经贸工会在辽宁大连召开工作交流研讨会，六省市外经贸工会负责人等 20 人参会。会议研讨了工会如何在改革的形势下搞好社会主义精神文明建设，进一步加强职工道德教育等问题。1991 年 8 月，财贸工会在陕西西安召开全国旅游工会工作经验交流会，研究工会组织在旅游行业精神文明建设中的作用发挥及具体工作任务，部分省市旅游局工会及旅行社、饭店工会负责人参加会议。会议提出在全行业职工特别是青年职工中继续深入进行党的基本路线和基本国情教育，增强职工抵御资产阶级自由化和腐朽思想的能力。会议同时提出要坚持不懈抓好旅游职工道德建设，增强职工的职业道德意识，培养职业道德习惯。

（三）做好模范先进人物表彰宣传

新时期以来，财贸系统的模范先进人物不断涌现。1983 年至 1990 年，财贸工会先后联合商业部、财政部、对外经贸部、国家税务局、审计署等单位，授予来自商业系统、财税系统、外经贸系统、审计机关的 2000 余名优秀职工劳动模范或先进工作者称号，授予 1000 余家单位先进集体称号。部分模范先进人物在表彰会上受到党和国家领导人的接见。

在表彰的同时，财贸工会注重对模范先进人物的宣传。以赵春娥为例：1982 年 6 月，财贸工会联合商业部发布《关于组织商业职工学习赵春娥同志模范事迹的通知》，要求结合本地区、本单位的实际情况，组织职工学习赵春娥同志的先进思想和模范事迹，深入进行共产主义的思想教育，教育职工树立全心全意为人民服务的思想和工人阶级主人翁责任感，建立一支有理想、有道德、有文化、守纪律的具有高度精神文明的商业职工队伍。同年10月，财贸工会在河南洛阳召开全国财贸系统学习赵春娥经验交流会，各省（区、市）和部分省属市财贸工会的负责同志及先进人物代表共87人参会，商业部也派员参会。财贸系统学习赵春娥的活动已由河南发展到全国，由煤建行业发展到财贸部门的各行各业。1983年2月，国务院授予赵春娥、罗健夫、蒋筑英等三位同志全国劳动模范称号。随后，财贸工会、商业部发布《关于进一步开展学习赵春娥活动的通知》，号召全国各条战线的职工向赵春娥、罗健夫、蒋筑英学习，为实现党的十二大提出的宏伟目标、全面开创社会主义建设新局面而努力奋斗。1990年4月，赵春娥去世八周年之际，“赵春娥纪念室”正式展出。同月，财贸工会邀请全国10多名劳模在洛阳召开小型座谈会，讨论在新形势下进一步推动财贸职工深入开展学雷锋、学赵春娥活动的方式。

1988年，在财贸工会的协调下，由全国总工会、商业部、北京市政府、北京市总工会共同出资建造的全国商业劳模张秉贵的铜像在北京百货大楼前落成。

进入20世纪90年代，模范先进人物的评选更加细化，社会影响力也在不断提升。1991年1月，财贸工会与中国商报社在人民大会堂共同举办1990年全国十佳营业员颁奖仪式，武汉商场的刘莉、天津华联商厦中原公司服装商场的年景林等被评为十佳营业员，相关事迹在《新闻联播》中连续播出，产生了广泛的社会影响。为发挥先进人物的带头作用，武汉商城正式设立了“刘莉专柜”。

（四）加强企业民主管理

1983年起，供销合作社进行体制改革，社员代表大会普遍恢复或建立。随着农村基层供销合作社体制改革的深入发展，不少供销合作社因此取消或停止了职工代表大会活动，引发很多职工不满。1984年，财贸工会对辽宁省和武汉市的一些基层供销合作社进行了调研。同年10月，财贸工会在山东省招远县召开了研究讨论供销合作社职代会问题的座谈会，来自部分省市和基层供销合作社的党政工干部共40多人参会。会议从供销合作社的集体性质、社代会与职代会的职能区别等角度出发，明确职工代表大会制度应进一步完善，职代会与社代会制度相辅相成是具有中国特色的供销合作社民主管理体制。同年底，财贸工会、商业部在联合通知中对社员代表大会、职工代表大会的性质和职责等进行了界定与说明，并明确提出：社员代表大会制度建立以后要继续推行和完善职工代表大会制度，在供销合作社的改革和建设中更好地发挥职工代表大会的积极作用。

1986年5月，财贸工会在北京召开了全国对外经济贸易系统工会工作经验交流会。会后，财贸工会与对外经济贸易部共同发布《关于加强全国对外经贸系统工会组织建设和企事业职工民主管理的联合通知》，明确经贸系统企业、事业、行政单位都应建立健全工会组织，建立健全职工代表大会制度，建设“职工之家”。

随着经济体制不断发展，企业民主管理工作所面临的形势也更具挑战。1986年9月，中共中央、国务院发布《关于颁发全民所有制工业企业三个条例的通知》（三个条例即《全民所有制工业企业厂长工作条例》《中国共产党全民所有制工业企业基层组织工作条例》和《全民所有制工业企业职工代表大会条例》）。1987年6月，财贸工会在浙江杭州召开了商业租赁经营企业工会工作座谈会，会议沟通了商业企业推行租赁经营的情况，讨论了租赁经营中的工会工作。到1987年底，全国商业系统大中型企业近2.2万个，其中已有60%以上的企业实行了承包经营责任制。1988年4月，财贸工会与辽宁省财贸工会、沈阳市财贸工会组成联合调查组，对沈阳市百货、五金、副食、服务等行业的300名承包企业职工进行了抽样调查，征询了职工群众对承包经营中一些问题的看法并形成报告。调查后，财贸工会提出关于深化和完善商业企业经营承包责任制的建议和加强承包企业工会工作的意见。同年9月，六省市外经贸工会参加的工作交流研讨会在北京召开。会议交流了在外经贸企业实行经理负责制和经济承包责任制的过程中，各级工会开展企业民主管理工作的经验和体会，包括以民主管理协商对话为突破口，组织职工代表围绕企业发展的重大问题与公司行政进行民主对话；结合企业领导体制改革进行民主评议干部工作。1991年12月，财贸工会在吉林市召开商业承包、租赁企业民主管理经验交流研讨会，总结商业系统推行承包租赁制以来，职工群众参与企业民主管理、发挥主体作用的基本经验。

与此同时，财贸工会对于企业民主管理的认识不断深化。1990年1月，财贸工会印发《关于财贸企业建设企业利益共同体的意见》，明确以“全心全意依靠职工办企业，充分发挥职工群众的主人翁积极性”为指导思想，在国家、企业、经营者、职工的整体利益、全局利益一致的基础上建设利益共同体，要求牢固树立全心全意依靠职工办企业的思想，加强民主管理，解决好企业内部经济利益的分配问题，推广完善集体合同制度，培养塑造企业精神。《意见》还进一步强调工会组织要在企业利益共同体建设中发挥作用。

（五）开展“百家窗口”劳动和技能竞赛与双增双节运动

1985年11月，财贸轻纺烟草工会在浙江杭州组织召开全国十二城市财贸工作经验交流会，会议作出在十二城市开展创建商业文明服务街竞赛活动的决定，竞赛内容包括严格执行政策、改善服务态度、加强科学管理等，要求组成评委会，定期考核评比。但由于经验有限，暂未进行评比。

1986 年 7 月，财贸工会与商业部印发《关于在全国商业部门开展创最佳社会效益、最佳服务文明单位竞赛的联合通知》，要求在全国商业企业和部门中广泛开展做“四有”职工，当改革主力，创最佳社会效益、最佳服务文明单位的竞赛活动，并组织北京百货大楼、西单菜市场等 25 家单位参加全国服务行业“百家窗口”劳动竞赛。1987 年 2 月和 3 月，中国财贸工会和商业部分别在天津和沈阳召开十大菜市场、十五家百货商场“百家窗口”竞赛总结评比会，推荐沈阳市联营公司和上海市三角地菜市场为五一劳动奖状获奖单位。同年 7 月，财贸工会还在六省市外经贸工会参加的工作交流研讨会上总结交流双增双节运动经验，发出《关于投身增产节约、增入节支运动，努力为发展外贸建功立业》的倡议书。

1989 年下半年以来，国内市场出现销售平淡和疲软等情况。同年 11 月，财贸工会印发《关于动员职工搞好服务、开拓市场，克服目前市场销售下降、企业经营困难的通知》，要求各级财贸工会深入基层，帮助职工正确认识市场出现的新情况，广泛发动和组织职工深入开展以搞好优质服务为中心内容的双增双节运动。

与此同时，各地财贸系统开展的劳动竞赛活动也越发多样。1992 年 1 月，财贸工会与商业部在山西太原联合召开全国商业系统劳动竞赛现场经验交流会，旨在通过交流太原“迎春杯”竞赛和宁夏“春光杯”竞赛的经验，把商业系统开展优质服务竞赛活动长期坚持下去，充分调动职工的劳动热情、智慧和创造力，为发展经济、推动两个文明建设作贡献。

（六）增进职工福利，加强劳动保护

随着经济发展，职工生活服务设施建设受到重视。早在 1980 年，财贸工会、商业部便向各地介绍了重庆市第一商业局所属企业从“六室一所一堂”（医务室、图书室、理发室、浴室、休息

室、哺乳室、托儿所、食堂）入手办好集体福利设施的经验；1984 年，又介绍了天津市商业企业抓“三小”“五小”（小更衣室、小托儿所、小淋浴、小食堂、小厕所）的经验，要求各地商业主管部门与工会组织密切配合共同抓好这项工作。1986 年 6 月，财贸工会、商业部发布《关于推行“三小”、“五小”经验，办好集体福利事业的通知》，针对商业企业点多、面广、人员分散的情况，聚焦集体福利设施差、普遍存在着职工吃饭难、孩子入托难等实际问题，要求各地商业行政部门与工会组织进一步密切配合，共同抓好这项工作，把兴办“三小”“五小”集体福利事业列入重要议事日程。1987 年 3 月，财贸工会联合无锡市总工会、无锡市商业工会筹建财贸职工活动中心，为全国财贸系统的干部职工提供培训、旅游、休养活动场所。同年，财贸工会还对部分城市财贸职工住房情况进行了调查，指出职工住房难问题十分突出，影响了职工队伍的稳定，需要有关部门多层次、多渠道、多途径解决。此后，建设部、全国总工会印发《解决城镇居住特别困难户住房问题的若干意见》，财贸工会积极转发。

1990 年 11 月，财贸工会、商业部在黑龙江哈尔滨召开全国商业企业兴办集体生活福利设施建设经验交流会。这是中华人民共和国成立以来，商业部和财贸工会首次召开的关于企业集体生活设施建设的会议，为推进商业、粮食、供销系统职工生活设施建设提供了指导。会上还印发《部分省、市职工集体生活福利设施达标、竞赛标准汇编》供各地参考。

1984 年至 1991 年，财贸工会联合商业部先后在江西庐山、辽宁大连、四川乐山、北京等地举办了 10 余期全国商业劳模疗休养活动，近千人次参加。在北京休养期间，还邀请劳模前往全国总工会座谈，得到全国总工会领导接见。此外，1991 年 2 月，财贸工会还委托哈尔滨市商业干部学校举办商业企业管理、财务会计两个专业的劳模中专专业证书班，为全国商业系统先进模范人物提供学习深造机会。

一般而言，商业系统职工并不直接进行生产制造，但加强劳动保护依旧是必要的。1987 年 5 月，全国总工会召开加强劳动保护监督检查电话会议。会后，财贸工会印发《关于加强财贸系统工会劳动保护工作的通知》，要求各省（区、市）财贸工会提高对工会劳动保护工作重要性的认识，建立健全工会劳动保护工作组织，开展群众性保安全活动，并要求把劳动保护工作列入职工代表大会的议事日程、列入劳动竞赛的内容。

劳动保护不仅关系到职工的生命安全，更与职工的健康息息相关。1990 年 9 月，财贸工会联合商业部印发《关于加强大中型零售商场职工劳动保护工作的通知》，指出不少城市的大中型零售商场营业环境污染严重，严重危害职工健康，故要求各级商业主管部门和工会组织提高对劳动保护工作重要意义的认识，在治理劳动环境中坚持自力更生、因地制宜、因陋就简的原则，多形式多渠道解决急需解决的问题，同时要求新建、扩建、改建大中型商场要坚持劳动保护、安全卫生设施与主体工程项目同时设计、同时施工、同时使用。同年 11 月，财贸工会、对外经济贸易部联合印发《关于加强有毒有害工种（岗位）营养保健食品制度管理的通知》，附带《外贸土产畜产生产加工企业有毒有害工种（岗位）实行营养保健食品制度的暂行规定》，要求各地经贸主管部门进行检查清理，完善相关规章制度，加强统一管理；同时要求加强劳动保护设施技术改造，逐步实现从根本上消除危害职工身体健康的各种有毒有害物质的目标。

二、在深化改革扩大开放时期的轻工业工人和工会工作

1981 年底到 1982 年，根据中共中央精简机构的精神，财贸、轻工、纺织、建筑、农林等五个产业工会合署办公，作为全国总

工会的一个工作部门，并成立了“联合办公室领导小组”。轻工业工会副主席毛云卿为小组成员之一。合署办公持续到 1984 年 11 月结束。

1986 年 1 月，笪仲任中国轻工业工会副主席，主持全面工作。1990 年 10 月，李克明主持中国轻工业工会全面工作。

（一）开展职工思想教育，表彰模范先进人物

1987 年 4 月，轻工业工会、轻工业部发布《关于轻工业系统加强职业道德建设的意见》，要求提高认识，把职业道德建设提到重要议事日程上来，抓好职业道德教育和规章制度建设。随后，中国轻工业职工思想政治工作研究会成立。同年 8 月，轻工业工会在天津召开北方盐区工会思想政治工作经验交流协作会议，交流各盐区工会思想政治工作经验，探讨盐区职工思想政治工作在开创新局面中所面临的问题。

在开展职工思想教育工作的同时，工会干部的思想认识一定要过硬。1989 年 12 月，中共中央印发关于加强和改善党对工会、共青团、妇联工作领导的通知。次年，轻工业工会在河南、武汉、大连、北京的轻工业系统调研通知落实情况，发现工会内外对通知存在模糊认识。对此，轻工业工会加强宣传解释，讲清全心全意依靠工人阶级的根本指导思想与发挥工会作用的关系，进一步统一思想认识。

行业内涌现出的模范先进人物影响着更多职工。1982 年 4 月至 7 月，轻工业工会、轻工业部先后在杭州、承德举办了三期全国轻工业系统劳动模范和先进人物经验交流活动，来自 17 个省（区、市）总共 292 名劳动模范和先进人物参加。活动交流了经验，提高了劳动模范和先进人物的光荣感与主人翁责任感，推动了比先进、学先进、赶先进活动的开展。1987 年至 1990 年，轻工业工会先后会同轻工业部、国家烟草专卖局、中国盐业协会等

单位授予轻工业、盐业、烟草业等行业的600余名优秀职工劳动模范或先进工作者称号，授予近200家单位先进集体称号。应轻工业部党组要求，轻工业工会还号召轻工业系统广大职工（特别是领导干部）向北京市特等劳动模范和优秀共产党员张洁世学习，并将轻工业部编辑的《廉洁奉公的改革者——张洁世》一书作为教材。

（二）重视职工技能培养，积极开展劳动竞赛

继自行车、保温瓶厂际竞赛后，1982年，轻工业工会调研安徽省芜湖卷烟厂，从中发现了在全国卷烟行业中具有一定普遍性的问题，包括工人劳动强度大、技术水平低、生产浪费大等，并提出抓住全国卷烟滞销时机进行企业整顿和技术练兵活动的建议，要求各工厂抓住时机分批轮训工人，扎实做好思想教育和技术培训工作。1983年，轻工业工会与中国烟草总公司共同研究开展技术练兵和工人技术操作表演赛，制定了表演赛的组织办法，明确了切丝机比赛、卷烟机比赛、接嘴机比赛、小包机比赛等细则。同年12月，全国卷烟工业操作技术经验交流会在北京召开，149位优秀选手出席会议，并获得了“全国卷烟工业操作技术能手”光荣称号。大会还就“开创卷烟工业的新局面”向全国卷烟战线职工发出倡议书，内容包括加强学习、提升技术、开展竞赛、参与民主管理等多个方面。

1986年3月，轻工业工会与轻工业部联合印发《在全国轻工业系统开展为实现轻工业“七五”计划建功立业的社会主义劳动竞赛的通知》，要求各级行政和工会（以工会为主）组织行业竞赛活动，调动不同行业、不同工种、不同岗位、不同年龄职工的积极性，形成大规模全员性竞赛热潮。1987年2月，轻工业工会在北京召开全国轻工业工会主席会议，会上讨论了以增产节约、增收节支为内容的社会主义竞赛工作。此后，轻工业工会在天津

召开全国盐业双增双节工作座谈会，又在山东青岛召开全国轻工业双增双节工作座谈会，并连续印发关于开展双增双节立功竞赛活动的相关文件，要求各地充分认识双增双节运动的重要性和紧迫性，充分发动群众，采取多种形式扎实举办立功竞赛。同样是在这段时期，轻工业工会还与轻工业部围绕实现“七五”计划、迎接新中国成立四十周年等组织劳动技能竞赛。

1989 年 10 月，中国轻工业职工技术协会正式成立。该协会是轻工业工会领导下的轻工业职工自愿结合的开展群众性技术活动的社会团体，根据轻工业生产力发展的实际状况和轻工业发展的远近目标开展相关工作。同年 11 月，中国轻工业职工技术协会成立会议在广东广州召开，会议讨论通过了《中国轻工业职工技术协会章程》和工作报告，选举产生了协会的领导机构，商讨了协会任务。1991 年 8 月，中国轻工业职工技术协会在新疆乌鲁木齐召开一届三次全委会暨适用技术成果首次发布会，会上依据经济效益、社会效益等条件对各地轻工业技协提供的 72 个项目进行了评比。

1991 年，轻工业部在北京召开全国轻工业“质量、品种、效益年”活动电话会议，指出制约轻工业生产发展的主要因素是产品质量差、适销对路品种少、效益低。轻工业工会贯彻会议精神，按照“质量、品种、效益年”要求开展群众性技术活动，指导各级技术协会发动职工提高产品质量、开发新产品、增加适销对路品种、降低单位产品能耗，并将哈尔滨等地的相关经验印发给各级轻工业工会。同年 3 月，中国盐业协会召开全国盐业会议，研究在全国盐业系统开展以“质量、品种、效益年”为主要内容的双增双节运动。

（三）推进企业民主管理

《国营工业企业职工代表大会暂行条例》发布后，1982 年 9

月，轻工业工会赴大连、沈阳、天津、吉林等地调查轻工业系统建立健全职工代表大会制度的情况，掌握总体情况，发掘先进典型。

中共中央、国务院《关于颁发全民所有制工业企业三个条例的通知》印发后，轻工业系统积极落实。1989 年 12 月，轻工业工会发布《关于印发吉林造纸厂依靠职工群众办企业的调查的通知》，总结吉林造纸厂依靠职工群众办企业的情况，推广该企业在提高职工素质、尊重职工民主管理、开展劳动竞赛、合理化建议活动等方面的经验与做法。

1991 年 4 月，轻工业工会印发《关于加强轻工业企业班组建设的意见》，围绕“加强班组建设”提出五个方面共 16 点意见，明确班组“是企业内部直接组织职工进行生产活动和管理工作的基层组织”，“加强班组建设对充分发挥职工的积极性和创造性，增强企业活力和凝聚力，全面提高职工队伍的素质，建设一支‘四有’职工队伍，促进企业生产经营活动和各项任务的完成具有十分重要的意义”。

（四）适应经济形势，解决职工困难，提升职工福利

20 世纪 80 年代初 ，盐业工人生活较为困难。1983 年 8 月，轻工业工会通过对天津长芦盐务局的汉沽、塘沽两个盐场调查，关注到海盐工人要求实行岗位津贴的情况。随后，轻工业工会召开四大海盐区工会干部会，会上研究了改善偏僻盐场职工文化生活的办法，并拨出经费补助江苏、山东等地盐场。在向全国总工会书记处提交的相关请示中，轻工业工会指出盐业企业大多地处偏僻，企业职工无法参加市区工会举办的活动，故申请减少制盐行业工会经费上解比例，供基层办好职工文化体育事业；在向国务院的报告中还分析了盐业在生产能力、企业经营积极性、职工生活上遇到的困难，并提出调整盐税税额、盐税收入返还企业等

建议。1986 年，全国总工会办公厅印发《关于盐业企业工会经费上解比例问题的通知》，明确适当减少目前上解经费的比例，由基层工会利用多留经费开展活动。

随着经济形势的发展，承包制、租赁制开始推行。为深化企业改革，增强企业活力，轻工业工会积极发挥工会在改进企业内部工资、奖金、分配制度方面的作用。1985 年，轻工业工会在相关调查报告中关注到集体企业改革需研究探讨定额、工资奖励办法、照顾老工人利益、妥善处理改革中出现的富余人员等问题，并分析了在物价上涨的背景下国营企业实行职工工资总额同企业上缴税利挂钩的可行性。1986 年，轻工业工会与轻工业部通过分片区召开研讨会的形式，对部分国营企业实行工资总额与经济效益挂钩浮动的情况进行了调研。调研发现，这一做法调动了企业和职工的生产积极性，推动了企业经营管理的科学化，促进了生产发展，但也产生了新的矛盾（如企业经济效益与社会效益的矛盾等），故建议国家适当负担原材料涨价、调整工资总额基数、实行多种挂钩形式。1988 年 6 月，轻工业工会研究制定了《关于加强轻工业工会群众工资工作的意见》，要求明确群众工资工作任务，建立健全群众工资工作机构，加强干部队伍建设，搞好培训工作。其时，由于市场疲软、资金紧张，停产、半停产的企业增多，待业职工数量增大。各级轻工业工会积极行动，通过主动参与解决停工停产问题、加强民主管理、做好停产半停产情况调查、千方百计确保职工基本生活等方式，做好停产、半停产企业职工的思想与生活工作。1990 年 6 月，中国轻工业职工技协一届二次委员会暨扶贫现场经验交流会在辽宁沈阳召开，会议交流了职工技协在扶贫和帮助亏困企业渡难关方面的经验。

20 世纪 90 年代以来，轻工业工会围绕企业改制与职工需要开展调研，协助相关产业政策制定。1991 年下半年，轻工业工会先后到成都、重庆、淄博、烟台、威海等地调研了 13 家轻工局、

40家企业，了解到当前轻工集体企业经济效益下降的原因，包括将集体企业与国营企业同等对待、忽视集体企业特点和规律等。对此，建议集体企业主管部门的党政工组织破除“二国营”模式，按照集体企业的性质与特点进行管理；并提倡工会组织学习和掌握国家实行有计划商品经济中的经营管理，积极参与对集体企业的调整和改组改造。

在此过程中，轻工业工会注重发挥工会干部的积极作用。1990年至1991年，轻工业工会与轻工业部先后在辽宁丹东、重庆、云南昆明等地举办工会劳动工资干部培训班暨研讨会，邀请专家学者讲授劳动经济学、按劳分配等内容，并组织座谈研究轻工业系统的群众工作问题。各地相关单位的工会干部数百人次参加培训。培训后，工会干部普遍认识到行政和工会在劳动工资上的不同角度，认为在实际工作中应互通信息、互相补台、互相支持。

同样是在这段时期，轻工业工会按照全国总工会的统一部署，先后赴各地调研轻工业企业职工医疗保险制度改革情况、全民企业职工待业保险情况、集体企业职工退休保险统筹情况等，形成相应的调研报告，推动问题解决。

（五）强化安全生产与劳动保护，提高职工的安全素质

20世纪80年代中期以来，轻工业系统的劳动安全保护工作不断取得新进展。1986年7月，全国总工会联合轻工业部、国家经委、财政部、中国人民建设银行、国家物资局印发《关于解决城镇轻工业集体企业危险厂房问题的意见的通知》，要求各地轻工业主管部门协同当地有关部门分期分批解决城镇轻工业集体企业危险厂房翻建问题，制定改造规划，并明确专项贷款的使用。此后，轻工业部联合中国人民建设银行下达两批专项贷款，轻工业工会也向各地轻工业工会印发《关于监督协调使用好轻工业集

体企业危房专项贷款的通知》。

安全生产离不开安全教育，安全教育离不开工会的作用发挥。1986 年 7 月，轻工业工会和轻工业部召开全国劳动保护工作会议，交流总结“六五”期间轻工业劳动保护工作的经验及教训，讨论研究轻工业劳动保护工作如何适应经济体制改革的要求，如何发挥工会对劳动保护的监督作用。1987 年 7 月，轻工业部举办现代安全生产科学管理进修班，由轻工业工会组织北京、天津、上海、沈阳、大连的轻工业工会劳动保护干部参加培训。同月，中国轻工业工会还印发《关于认真做好工会劳动保护工作的通知》，要求各级轻工业工会确定一名负责同志分管劳动保护工作，并根据自身情况设专兼职工会劳动保护干部，着重抓好班组安全建设，不断提高广大职工的安全素质。1988 年 7 月，轻工业工会举办了部分省市轻工业工会主席劳动保护研讨班，进一步明确了工会在劳动保护工作中应履行参与劳动保护法规制定、进行监督维护、开展宣传教育、组织发动群众等职责。1991 年 4 月，轻工业工会举办“安全健康和工作环境”轻工业师资培训班，运用电化教育的手段，结合轻工业生产实际，借国际技术合作计划的良机为轻工业行业训练一支掌握电化教育手段的劳动保护师资队伍。

在此过程中，一批在劳动保护方面取得成绩的单位和职工涌现出来。1990 年 11 月至 12 月，轻工业工会在上海召开全国轻工业劳动保护工作会议，会上发布《关于表彰轻工业群众劳动保护先进工作者和先进集体的决定》，授予 58 名个人“轻工业群众劳动保护先进工作者”称号，授予 53 家单位“轻工业群众劳动保护工作先进集体”称号。

三、在深化改革扩大开放时期的纺织工人和工会工作

1981 年底到 1982 年，根据中共中央精简机构的精神，财贸、

轻工、纺织、建筑、农林等五个产业工会合署办公，作为全国总工会的一个工作部门，并成立了“联合办公室领导小组”。纺织工会副主席孙洪敏为小组成员之一。合署办公持续到 1984 年 11 月结束。

1990 年 10 月，孙洪敏任中国纺织工会全国委员会主席。

（一）工会工作发展与第四届全委会召开

20 世纪 80 年代以来，纺织工会定期举办部分省市纺织工会主席座谈会（1986 年起定期举办全国省市纺织工会主席座谈会），就经济体制改革、社会主义精神文明建设、职工思想教育、企业民主管理、劳动和技能竞赛等问题交流经验。特别是面对经济体制改革，在 1984 年 12 月召开的部分省市纺织工会主席座谈会、1985 年 9 月和 10 月分两次召开的部分城市纺织工会主席座谈会上都围绕改革中工会组织作用的发挥展开讨论与交流。1987 年 12 月召开的全国省市纺织工会主席会议则进一步明确要坚持以经济建设为中心，努力推进改革，加快纺织工业的战略转移。面对社会局势的变化，1989 年 12 月召开的全国省市纺织工会主席会议研究了各级纺织工会在巩固安定团结、稳定职工队伍和纺织工业治理整顿、深化改革中的作用发挥，指出要引导职工正确认识当前的经济形势，教育职工坚持四项基本原则，发扬主人翁精神，同时要加强工会自身建设。

1991 年 7 月，中国纺织工会第四届全国委员会第一次全体会议在北京举行。纺织工会全委主席孙洪敏作《团结和动员全国纺织职工为实现“八五”计划建功立业》的工作报告，会议研究确定了纺织工会在“八五”期间工作的指导思想、工作方针和基本思路，通过了《中国纺织工会全国委员会组织办法（试行）》《关于表彰全国纺织工业优秀工会工作者和优秀工会积极分子的决定》，选举孙洪敏为主席，李来喜为副主席，孙根录为兼职副主席。

(二) 开展职工思想教育，表彰模范先进人物

1983 年 5 月，全国纺织职工思想政治工作经验交流会召开，全国纺织职工思想政治工作研究会成立，并制定了章程。随后，一系列强化职工思想教育的活动开展。例如：在邓小平关于理想和纪律的讲话发表后，全国纺织系统的政工会议指导各地广泛开展理想演讲活动，全国纺织职工理想演讲团也相继成立，在一个半月的时间内先后赴江苏、上海、北京、天津等地开展了 39 场演讲，直接听众达 6 万多人；在纺织工会与纺织工业部联合召开双文明建设积极分子表彰会议后，“全国纺织系统双文明建设先模报告团”随即成立，并分赴纺织行业比较集中的地区巡回演讲。

20 世纪 80 年代初期以后，纺织业职工流失现象严重。1986 年，纺织工会组织召开了部分省市纺织职工队伍调查情况座谈会，讨论分析了形成这一状况的原因，并在调查报告中提出要大力加强思想政治工作。同年 12 月召开的全国省市纺织工会主席会议着重讨论了加强劳动纪律、培养职业道德、建设社会主义精神文明等问题，要求努力把纺织行业建设成为道德风貌良好的先进行业，促进纺织工业振兴。

在这段时期内，纺织系统的模范先进人物相继涌现。1984 年和 1989 年，纺织工会与纺织工业部共授予上千名职工“全国纺织工业劳动模范”称号，200 多家班组、科室、车间等单位“全国纺织工业先进集体”称号。1987 年 9 月，全国纺织产品设计人员代表会议在京召开，会议命名 20 名优秀设计者为“最佳创作设计工作者”。随后，纺织工会与纺织工业部又授予“最佳创作设计工作者”“全国纺织工业劳动模范”称号。1989 年 12 月，纺织工会和纺织工业部发布决定，表彰在新疆、云南、贵州、广西、青海、宁夏、内蒙古、甘肃等地从事纺织工作超 30 年的 2 万名职工。

（三）破解生产困境，提高职工待遇

纺织业职工流失现象严重的背后，凸显出劳动强度大、工资低等问题。1983 年，纺织工会在调研的基础上，试点在纺织企业生产一线工人中实行新的岗位工资制。此后，又在相关报告中建议国家考虑纺织行业特点，实行第二步利改税时在留利和税率等方面给纺织工业以优惠。1985 年 5 月，纺织工会与纺织工业部在江苏无锡举办纺织劳动工资干部研究班，探讨纺织行业分配制度的新路子。同年 12 月，纺织工会又派人参加纺织工业部、中国丝绸总公司在北京召开的工资座谈会，在会上讨论了在纺织、丝绸企业生产一线工人中试行岗位工资制的经验，分析了岗位工资标准偏低、过渡期过长、企业自留资金困难、部分老工人工资增长不多等问题。

1986 年，党中央、国务院作出了振兴纺织工业的战略决策，要求以扩大纺织品出口创汇为目标，以沿海城市为重点，带动我国纺织工业的全面振兴。国家经委、财政部、劳动人事部、纺织工业部、中国丝绸公司等五个部门关于改善纺织、丝绸工人工资待遇的请示得到国务院批转，明确“适当提高纺织、丝绸一线生产工人的工资待遇，是稳定职工队伍，保证纺织、丝绸工业持续稳定发展的措施之一，是一项政策性很强、影响面很大的工作”。纺织工会积极落实国务院文件精神，在同年 6 月召开的部分省市纺织职工队伍调查情况座谈会上分析了纺织企业缺乏凝聚力和吸引力的内外因（包括个体经济、外资企业对职工的吸引，劳动强度大等），并提出实行税率优惠政策、加强思想政治工作、有计划地改善纺织厂福利等建议。同年，在纺织工业部召开的厅局长会议和纺织工会召开的省市纺织工会主席会议都对此作出了具体部署。此后，纺织工会赴北京、江苏无锡、浙江宁波等地的企业调研纺织行业工资分配制度改革情况，为深化工资制度改革提供

参考。1989 年 5 月，纺织工会印发《关于加强省市纺织（轻纺）工会劳动工资工作的意见》，其中指出：随着企业改革的深化，客观上要求工会进一步加强群众劳动工资工作，不断提高工会在劳动分配工作方面的参与能力。《意见》从深化认识、加强培训、密切合作、加强指导等方面提出具体要求。

然而，在经济形势变化的背景下，纺织系统的部分企业仍然存在严重困难，出现停产或半停产的现象，改善职工待遇的要求难以真正落实。1989 年，纺织工会进行了调研，在调研报告中指出了困难企业的职工利益受到影响，并总结了各地对停产半停产企业、微利亏损企业解决职工生活困难的办法经验。1991 年 7 月，纺织工业部紧急召开全国厅局长会议。一些深层次矛盾和全局性问题影响纺织工业发展，纺织工业的总供给能力和市场的总需求水平严重失衡，纺织行业经济效益大幅下滑，企业亏损严重。针对这一情况，会议布置了全行业限产压库、扭亏增盈的任务。会后，纺织工会印发《关于认真贯彻全国纺织工业厅局长会议精神的通知》，要求各级纺织工会在各级党委的领导下积极配合行政，团结动员纺织职工努力做好限产压库等工作，发挥工会组织的积极作用。与此同时，纺织工会围绕企业改制与职工需要开展调研，协助相关产业制定政策。1990 年 10 月，根据全国总工会《关于进行职工生活问题调查的通知》要求，纺织工会组织 14 省（市）纺织工会针对企业停产、半停产情况和职工生活问题进行调查，并在全国工会职工扶贫工作经验交流会上汇报了依靠职工使停产、半停产企业和亏损企业启动生产、摆脱困境的经验。1991 年 3 月至 11 月，针对服装、鞋帽行业生产和职工生活面临的严重困难，纺织工会在调研中发现了外贸普遍压价，资金严重短缺，“招不进、留不住”矛盾日趋突出等问题，提出了加强宏观指导研究、深化外贸体制改革、在宏观政策上扶持等建议。

1990 年 5 月至 6 月，纺织工会在北京举办全国纺织工会系统劳动工资工作研讨班，各省（区、市）及计划单列市的纺织工会、丝绸工会和部分企业工会的专兼职工会干部共59人参加。研讨班通过讲授劳动工资政策和业务知识使学员们了解工会劳动工资工作的方针、任务、方法，同时还交流了相关经验。

（四）重视女工保护，完善保护机制

1984年11月，纺织工会在陕西西安召开了部分省市纺织工会女工保护工作经验交流会，来自22个省市的纺织工会负责女工工作的领导和专职女工委员共28人参会。会议交流了党的十一届三中全会以来各级纺织工会积极配合行政加强女工“四期”（经期、孕期、产期、哺乳期）保护的经验，研究了在经济体制改革的新形势下进一步加强和改善女工保护工作的问题。会上代表一致要求尽快颁布“女职工保护条例”，使女工保护工作有法可依。会议还建议全国总工会设立女工部，进一步加强女工工作。

1986年5月，卫生部、劳动人事部、全国总工会、全国妇联印发《女职工保健工作暂行规定（试行草案）》。纺织工会积极推动暂行规定在纺织系统落实，并赴河北、河南、山东等地的大中型企业进行调查，摸清企业现行女工保护制度、保健设施状况和执行暂行规定的情况，关注女工保护工作存在的问题。1988年6月，纺织工会与纺织工业部在上海召开全国纺织系统女工保护工作会议，研究讨论进一步贯彻落实《女职工保健工作暂行规定（试行草案）》，特别研究落实关于“妊娠满七个月”和“有未满一周岁婴儿”的女职工不做夜班、不加班加点的要求。

1988年9月，国务院颁布的《女职工劳动保护规定》正式实施。1989年8月，全总女工部、纺织工会、劳动部职业安全卫士监察部共同在山东烟台召开十城市纺织行业贯彻规定情况汇报会，北京、天津、上海、武汉、济南等地的总工会女工部和纺织工会相关人员共36人参会。会议探索解决纺织企业不安排孕产期和哺乳期女职工夜班的有效办法，提出了放长假、四班二倒一长制、改三班为两班制、调工种等举措，并要求各级政府和主管部门给予纺织企业一定的优惠政策。1990 年 11 月，纺织工会、纺织工业部在陕西咸阳召开部分省市纺织系统女职工劳动保护工作会议，总结《女职工劳动保护规定》贯彻情况，交流部分省市不安排孕产期和哺乳期女职工夜班的经验，讨论《纺织系统女职工劳动保护细则（草案）》。1991 年 6 月，《纺织系统女职工劳动保护细则》正式发布。

（五）开展技术观摩交流活动，提升职工技能

1983 年 12 月，在北京召开的部分省市纺织工会主席座谈会上，参会人员交流了提高纺织职工队伍素质、动员职工积极开展学赶先进的社会主义劳动竞赛、努力提高经济效益等方面的工作经验。

纺织工会注重通过技术观摩、交流、培训等形式提升职工技能。1987 年 3 月，北京、天津、上海、大连、青岛、常州、无锡、苏州、南通、杭州、佛山、广州共 12 个城市的纺织工会主席在上海召开了第一次联席会议，会议交流了沿海 12 个城市纺织工会发动职工围绕提高创汇、提高效益，开展增产节约、增收节支活动的做法与经验，会议还向全国纺织系统的工会组织和职工发出了“积极行动起来，开展出口创汇双增双节活动，为振兴纺织建功立业”的倡议。在 1988 年的联席会议上，沿海 12 个城市及部分省市棉纺行业织布细纱操作能手到上海观摩表演，并对 97 名棉纺织细纱、织布操作能手进行了表彰。

随着双增双节运动的深入开展，1990 年 7 月，纺织工会在贵州安顺召开全国纺织系统工会双增双节经验交流会，22 个省、市、自治区，13 个计划单列市，20 个省辖市以及 26 个企业的纺织（丝绸）工会主席共 86 人参会。会议交流各地纺织工会和职

工技协近年来开展双增双节运动和合理化建议活动的经验和成果，研究如何进一步动员和组织职工更加广泛深入地开展双增双节运动和合理化建议活动。

1988年8月，中国纺织职工技术协会成立会议在新疆乌鲁木齐召开。会议通过了《中国纺织职工技术协会组织条例》，组成了协会理事会，选举产生了常务理事。该协会是在中国纺织工会领导下的纺织职工自愿结合开展群众性技术活动的群众组织，为提高职工技术素质、推动技术进步、发展生产力、加速实现纺织工业战略转移贡献力量。1990年，纺织工会与纺织工业部委托中国纺织职工技术协会分别在辽宁沈阳和新疆乌鲁木齐举办各为期十天的棉纺织布机教练员操作能手培训班。培训班通过授课、上机辅导、现场示范表演、应知应会考试等形式为棉纺织行业培养种子队伍，传授推广先进操作法。来自25个省、市、自治区以及11个计划单列市的169名教练员和操作能手参加培训，全国劳模仇锁贵亲自授课。1991年7月至8月，中国纺织工会、纺织工业部在山东德州举办棉纺织布机操作能手、教练员培训班，全国各地126名学员参加学习。

（六）推进企业民主管理

《国营工业企业职工代表大会暂行条例》印发后，在1982年和1983年召开的部分省市纺织工会主席座谈会上，纺织工会着重交流了搞好企业民主管理、开好职工代表大会、加强职工队伍建设和班组工作的经验。同时，纺织工会还赴湖北、江苏、上海等地对企业民主管理、职工思想政治工作、班组建设等问题作调研，并在北京召开7个省市的职工代表大会制度推行汇报会，交流相关经验。

1986年5月，纺织工会、纺织工业部、中国丝绸公司联合印发《关于纺织、丝绸系统各级工会组织参政议政的暂行规定》，要求各级纺织、丝绸主管部门在召开重要会议、改革涉及职工切身利益的重要制度时，需要保证同级纺织、丝绸工会参加；在组织重大群众活动（如表彰命名先进单位、先进个人等）时应和同级纺织、丝绸工会联名举办。

中共中央、国务院《关于颁发全民所有制工业企业三个条例的通知》发布后，纺织工会先后到贵州、四川、陕西、山西、黑龙江、辽宁等地对 40 家纺织企业进行调研，了解各地企业贯彻“三个条例”、加强民主管理情况。调研发现，省市主管局领导机关加强领导是贯彻“三个条例”、加强民主管理的先决条件；理顺党政工关系是加强民主管理的重要条件；厂长民主意识强，民主作风好，促进了企业民主管理；发挥工会组织在民主管理中的作用。

（七）解决危险厂房问题，强化安全生产

1982 年 6 月至 7 月，纺织工业部对 10 个省、市纺织企业的安全生产进行了检查，发现许多老企业中的一级危险厂房长期不予改建，企业职工的生命安全面临严重威胁。相关报告得到国务院领导批示。次年，纺织工业部、纺织工会及有关部门发布《关于解决危险厂房的通知》，要求有关部门组织人员对所属企业的危险厂房进行全面认真检查。此后，国家经济委员会、财政部、国家物资局、全国总工会、纺织工业部联合发布《关于解决纺织系统危险厂房问题的意见的通知》，要求各地纺织主管部门与相关单位共同研究，分清轻重缓急，作出纺织系统解决危险厂房的三年规划；同时明确相关补助的使用条件。1987 年 8 月，纺织工会向全国总工会书记处提交报告，指出纺织系统危房问题仍然严重。相关内容后由全国总工会上报国家。根据国务院领导的批示精神，次年，财政部、纺织工业部发布《关于解决纺织系统危房重建资金问题的通知》，对解决纺织系统危房重建的资金问题提出意见。

随后，纺织工会根据通知进一步落实资金问题。

1987 年 3 月，哈尔滨亚麻纺织厂发生爆炸事故。纺织工会派人赴现场安抚受伤职工和遇难者家属，并参与调查等工作。同年 6 月，纺织工会全委发布《关于加强纺织系统工会劳动保护监督检查的意见》，要求各级工会干部要认真学习国务院关于加强安全生产管理的紧急通知和全国总工会领导在全国总工会劳动保护安全生产电话会议上的讲话；认真贯彻落实全国总工会颁发的工会劳动保护监督检查的三个条例，建立和健全劳动保护机构；企业发生因工死亡事故时基层工会要立即向上级工会报告；经常开展各种形式的安全活动。1989 年 4 月，纺织工会发布《关于加强安全生产搞好工会劳动保护工作的通知》，明确要求各级纺织工会要建立健全各项规章制度，强化职工安全意识，积极探索经验，做好劳动保护工作。

（八）组织劳模疗休养，接管中国纺织工人疗养院

1981 年至 1986 年，纺织工会每年夏季分批次（多为一年三至四批，1982 年为六批）组织全国纺织系统的劳模赴中国纺织工人疗养院休养（面向多数省份每两年组织一次休养，面向新疆、内蒙古等地每三至五年集中组织一次休养），每批次休养时间为 10—20 天，每年参加休养的人数有三四百人。在名额分配上，休养人员以模范先进人物为主，后逐渐扩大至优秀工会干部、工会积极分子等。休养期间，中国纺织工会还组织劳模参观青岛当地的纺织工厂，传授经验。

在开展劳模疗休养工作的过程中，纺织工会注意到中国纺织工人疗养院在建设与管理上的问题，并向全国总工会建议收回该院。1985 年 12 月，全国总工会发布《关于改变中国纺织工人疗养院领导关系的通知》，将全国总工会委托山东省总工会领导管理的青岛中国纺织工人疗养院移交纺织工会和纺织工业部共同领

导管理。1986 年 3 月，移交手续正式完成，纺织工会、纺织工业部安排青岛市纺织工业总公司代为领导管理。接管以来，纺织工业部先后拨款 760 万元，对原疗养楼进行改造大修，并修建新休养楼。但由于设施老化、医疗设备不齐全、资金短缺，疗养院仍无法独立核算、自负盈亏。1990 年 8 月，纺织工会结合疗养院的实际情况，就疗养院历史关系问题请示全国总工会。同年 12 月，全国总工会批复同意将中国纺织工人疗养院列为纺织工业部直属事业单位，但产权关系并未改变，房产、地产和财产的产权仍属纺织工会，新建房屋的产权归纺织工业部和纺织工会共有。

在此期间，纺织系统的劳模疗休养逐渐转至别处。1990 年 7 月至 8 月，纺织工会分五批次（每批次 30 人）组织全国纺织系统劳动模范赴江西庐山纺织职工休养所休养。1991 年 5 月至 6 月，纺织工会组织了近百名纺织系统劳动模范、五一劳动奖章获得者、合理化建议积极分子等在北京休养。

第十章
社会主义市场经济转型时期的财贸轻纺烟草工人和工会工作

一、社会主义市场经济转型时期的工会工作与自身建设

（一）财贸工会召开四届一次全委会议

1996 年 10 月，中国财贸工会四届一次全委会议在北京召开。全国总工会相关领导及内贸部、外经贸部、国家旅游局、全国供销合作总社、财政部、审计署、商检局、工商局、税务总局、海关总署的领导同志出席会议。大会由中国财贸工会副主席张继平主持。会议审议并通过了工作报告和常委会工作制度，选举张绍先为中国财贸工会第四届委员会主席，张继平为副主席。1997 年 5 月、1998 年 4 月、1999 年 1 月、2000 年 4 月，财贸工会分别在吉林长春、福建福州、河南郑州、陕西西安召开四次全委会议，总结前一阶段工作，探讨财贸工会重点、热点、难点问题，先后围绕平等协商签订集体合同、依靠职工办企业及民主评议企业领导干部、下岗职工再就业和实施送温暖工程等交流情况和经验，并分析财贸系统面临的形势，明确下一阶段工作的任务和要求。

1996 年 12 月，按照全国总工会书记处关于转变运行机制和活动方式的要求，财贸工会将原有的内贸工作部、外经贸工作部、旅游工作部撤销，新设经济保障部、组织宣传部、民主管理部，

保留办公室。

（二）轻工业工会加强联席会议制度

1993 年，中国轻工总会成立。1995 年，为加强与对口部委联系，轻工业工会与轻工总会建立了联席会议制度，并在 11 月 23 日召开第一次联席会议，对双方进一步加强联系、共同做好《劳动法》宣传和轻工业劳动模范宣传、进一步贯彻全心全意依靠工人阶级的指导方针、推动轻工业经济发展等问题交换了意见。至 1997 年底，双方共召开了五次联席会议，会议就推进轻工系统建立平等协商和签订集体合同制度、推动轻工试点企业工会工作和职工民主管理工作、合作召开全心全意依靠职工办企业现场经验交流会、联合调查实施再就业工程情况等工作进行了充分沟通。1998 年 3 月，国务院机构改革，撤销中国轻工总会，设置国家轻工业局。此后，轻工业工会与国家轻工业局共同召开了两次联席会议。会上，双方同意共同开展下岗职工生活保障有关政策落实情况调查、总结推广企业职代会评议领导干部经验、总结推广轻工企业推行厂务公开工作经验、共同起草下发关于推行厂务公开制度意见等工作。

1999 年，中国轻工业工会与国家烟草专卖局建立联席会议制度，并于 3 月 1 日召开了第一次联席会议。会议通报了烟草行业的经济形势和国家烟草专卖局将采取的措施，并提出需向全国总工会反映的烟草行业工会组织的体制问题。

2000 年 3 月，赵世铮任中国轻工业工会全国委员会主席。

（三）纺织工会召开全委会议

中国纺织工会四届一次全委会议以来，先后在北京、天津、陕西西安等地共召开 11 次全委会议。会议回顾总结年度工作，研究确定下一年度的工作规划和工作重点，具体内容包括促进纺织工业实现“两个根本性转变”的思路和措施、促进纺织工业改革调整和扭亏、以纺织工业为突破口推进国有企业改革、全心全意依靠职工办好企业的经验等。会议先后通过了《关于动员纺织职工为实现行业改革解困目标而奋斗的决议》《深入学习贯彻党的十五届四中全会精神，团结和动员职工为建设纺织强国而奋斗的决议》等。会议补选常委，替补、增补委员；表彰优秀工会干部和工会积极分子。其中，中国纺织工会四届八次全委会议与全国纺织工业深化改革调整结构工作会议同时召开，四届十一次会议与东西部纺织企业工会主席座谈会同时召开，并签订了《东西部地区部分纺织企业工会建立工作联系意向书》。

1993 年，中国纺织总会成立。1997 年 12 月，中国纺织总会与中国纺织工会共同制定了《中国纺织总会与中国纺织工会全国委员会关于进一步加强工作联系的意见》，明确规定总会与工会建立联席会议制度。

二、适应社会主义市场经济变化的工会工作新发展

（一）在市场经济建设背景下开展职工的思想教育

1992 年，各地财贸工会将加强职工的社会主义思想教育作为工会宣教工作重点，组织职工学习邓小平南方谈话，使职工树立社会主义信念。新《工会法》颁布，财贸工会印发《关于学习、宣传、贯彻〈工会法〉的意见》，要求各级领导干部和工会干部要高度重视、带头学好《工会法》，并通过多种形式组织广大职工学习《工会法》。

职业道德依旧是工会在职工思想教育工作中关注的重点。1995 年，财贸工会与内贸部在广州联合召开了加强内贸系统职业道德建设工作会议，会上向全国内贸企业发出了加强职业道德建

设的《倡议书》。此后，财贸工会还在江西南昌举办职业道德建设工作研讨会，邀请财贸行业部分荣获全国文明示范单位、全国职业道德建设先进单位和精神文明创建先进单位称号的企业工会主席参加并介绍经验，就工会如何在职业道德建设中找准位置、更有效地发挥自身作用等问题提出了意见。

1996 年 9 月，财贸工会与中国对外贸易经济合作企业协会在江苏苏州联合召开外经贸企业职工思想政治工作会议。会议总结交流了在社会主义市场经济新形势下企业思想政治工作的经验，并指出：要全面理解和正确把握社会主义市场经济，紧紧抓住职业道德建设这条主线，注意发挥工会组织在职工思想政治工作中的作用，研究新情况、新问题。此后，财贸工会还发布了《关于加强和改进财贸职工思想政治工作的意见》，要求各级财贸工会以高度的政治责任感加强职工宣传思想工作，以实事求是的思想作风做好职工思想政治工作，以科学进取精神探索职工思想政治工作的新方法，团结带领广大财贸职工在改革、发展、稳定中发挥工人阶级主力军作用。同年，各级纺织工会协助党政“两个文明一起抓”，围绕纺织行业的中心任务，贯彻落实党的十四届六中全会精神，广泛开展了以“创企业精神、树主人翁形象”为主题的群众性精神文明创建活动。

2000 年 6 月，中国轻工业工会思想工作专业委员会二届一次会议在广西北海召开。会议交流了在企业规范破产、下岗分流、减员增效、实施再就业工程中，改进工会思想工作方式，加强工会思想政治工作，维护稳定的经验。会议要求：职工思想政治工作要以理想信念、爱国主义、集体主义教育为核心，工会干部要转变观念，改进工作方法，要把思想政治工作与解决职工群众的实际困难紧紧结合起来。

(二) 积极开展劳动技能竞赛和群众性经济技术创新活动

在市场经济建设的背景下，为了调动广大职工群众的积极性，推动轻工业发展，提高轻工市场的有效供给水平，1992 年 6 月，轻工业工会、轻工业部联合印发《关于深入开展合理化建议、技术革新活动的意见》，从提高认识加强领导、广泛发动突出重点、落实制度形成规范等方面提出具体要求。次年，轻工业工会、轻工业部又联合印发《关于合理化建议技术革新活动总结、交流和调研的通知》，通过加强调研推动群众性的合理化建议、技术革新活动深入开展。

1992 年 5 月，纺织工会在河南郑州举办纺织系统工会干部创造学培训班，旨在提高职工整体素质，提升合理化建议质量，推动群众性技术发明创造等活动的开展。

财贸工会积极组织各类劳动技能竞赛。1995 年至 1996 年，中国财贸工会联合外经贸部、国家商检局举办全国进出口商品质量保证知识大奖赛，全国 11 万名外贸、商检职工参加了比赛，44 个代表队参加了地区初赛和复赛。竞赛得到国务院的重视与支持。此外，财贸工会还联合国家旅游局、中国烹饪协会等单位举办多届全国烹饪技术比赛，对于广大职工推进烹饪行业职工努力提高业务技能和服务水平、更好地为人民生活服务具有积极作用。

全国总工会十三届二次执委会议“要面向新世纪，在全国亿万职工中广泛深入地开展群众性经济技术创新工程”的号召，财贸工会、轻工业工会、纺织工会积极响应，结合技术进步和产业升级实际，组织职工开展多种形式的群众性经济技术创新活动。

轻工业工会与国家烟草专卖局共同制定了《广泛深入地开展群众性经济技术创新工程的意见》，对实施群众性经济技术创新工程的工作原则和当前要抓好的几项工作及要求做了明确规定。全国烟草系统普遍开展了经济技术创新活动。轻工业工会还对各地轻工、烟草工会在市场经济条件下工会经济技术工作深化发展的思路与途径进行了调查研究，形成调查报告，并召开新形势下轻工行业职工经济技术创新活动理论与实践专题研讨会。上海、安徽、河南等地的经验得到推广。轻工业工会及时编印《轻工技协信息》，介绍相关经验，为基层开展技术创新活动提供指导。

2001 年，纺织工会调研和文字工作交流会召开，会上下发了重点调研课题和提纲，交流了关于河南、江苏、山东等地开展群众性经济技术创新工程的具体经验，推动了此项工作的深入发展。同年 7 月，纺织工会在新疆库尔勒棉纺织有限责任公司召开四届二十一次常委（扩大）会议暨东西部地区工会工作交流会，在交流东西部地区工会工作经验的同时，会议还组织了操作技术交流活动，上海、天津、河南、江苏等地的纺织工会及部分企业工会在会上介绍了开展群众性经济技术创新活动等方面的经验。

财贸工会重视将职业道德建设与经济技术创新工程相结合。2001 年，财贸工会组织开展经济技术创新工程与职业道德建设情况调查，总结了各地开展适合行业特点的“三优”竞赛活动和深化优质服务活动、实施品牌战略、创“服务牌”“信誉牌”、强化商业职业道德建设等做法。

三、社会主义市场经济变化对产业的冲击与对工会工作的挑战

（一）帮助困难职工和困难企业

1993 年 11 月，劳动部提出了“再就业工程”计划，并开始在全国多地试点。在此之前，纺织工会已关注到系统内的困难职工和困难企业，并在相关会议上交流参与推动企业依靠职工群众转换经营机制、调整产品结构、促进技术进步、深化企业内部改

革、实现纺织生产扭亏增盈目标的经验。随着“再就业工程”的开展，纺织工会先后形成《关于纺织行业经济效益严重滑坡企业处境困难的报告》《部分纺织职工失去基本生活和医疗保障成为影响社会安定的一个重要因素》等报告，提出解决困难的建议。在纺织行业停产、半停产、亏损企业较多，部分职工下岗待业，部分离退休职工生活困难问题比较突出的情况下，各级纺织工会大力推动“送温暖工程”深入开展，努力增强工会为职工办实事的能力，维护了职工队伍和社会的稳定。同样是在这段时期，纺织工业进行结构调整，压缩 1000 万纱锭的生产能力，涉及 100 多万名纺织职工下岗，富余职工分流安置工作十分繁重。1995 年 7 月，纺织工会在率先做好富余职工安置工作的上海召开了全国纺织行业工会贯彻《劳动法》协助政府和企业分流安置富余职工经验交流会，推广了地方纺织工会和企业工会的经验，并遵循“先挖渠、后放水”“保障职工基本生活”“完善社会保障制度”等原则，对坚持“企业分流消化、个人自谋职业、社会帮助安置”相结合的方针提出了指导意见。2000 年，中国纺织工会对北京、山西、陕西、甘肃、辽宁 5 个省市国有毛纺企业的情况进行了调查，分析了毛纺行业近几年来面临困难的原因，以及在实施压锭调整过程中遇到的仅靠企业自身难以解决的突出问题。同年，纺织工会和国家纺织工业局组织开展全国纺织行业模范先进人物评选表彰，对 1994 年以来在纺织工业的改革、发展、稳定中，特别是在完成国企改革脱困突破口攻坚战中作出突出贡献的 559 名劳动模范、22 名先进工作者和 68 家先进集体予以表彰，并在职工中开展广泛宣传。

1996 年亚洲金融危机以来，针对财贸企业经营困难下岗职工人数增加的情况，财贸系统各级工会积极采取有效措施，大力实施“送温暖工程”。党政主管部门和工会多次召开专题会议统一思想认识，确立了近、中、远期工作目标，保证这项活动有组织、有计划、扎扎实实地开展。各地财贸系统普遍建立了送温暖组织，由工会主要领导分管此项工作。部分省市外经贸系统还成立了帮困协调小组，对本单位的解困工作定期分析，有的放矢地采取措施。2000年以来，各地财贸工会及基层工会把组织实施“送温暖工程”和“再就业工程”放在突出位置，做到经常化、制度化、社会化。各级财贸工会充分发挥优势，多形式、多渠道对特困职工进行帮扶和救助，并把推动商业企业结构调整与促进再就业工程统一起来，采取一系列行之有效的方法多种渠道安置下岗职工。

在国务院正式批准全国150家糖厂破产后，中国轻工业工会分赴黑龙江和广东调研，赴上海、江苏、河南、广东等地对轻工系统14家国有破产企业及湛江市糖业结构调整中关闭企业职工安置和基本生活保障工作情况进行了调查，提出取消一次性补偿金上限、安置老职工给予政策优惠、建立破产基金制度等建议。在总结推广天津市轻工系统各级工会开展帮扶特困职工活动经验的基础上，轻工业工会制定了《落实“第一责任人”职责，做好帮扶特困职工工作的意见》，提出强化认识、建立“第一知情人”“第一报告人”“第一帮助人”制度、选树推广帮扶特困职工先进典型等要求。针对轻工行业大批下岗职工2001年要出“中心”（再就业服务中心）及劳动关系处理、社会保险接续、基本生活保障等问题，轻工业工会与江苏省产业工会共同对江苏部分城市进行了调研，了解到企业存在自筹资金困难、无力偿还拖欠工资、无法及时缴纳下岗职工养老保险及失业保险等困难，并提出政府加大资金投入、多渠道征集资金、完善社会保障体系、开发劳动就业岗位等建议。

（二）推进集体协商和集体合同制度

1995年8月，全国总工会发布《工会参加平等协商和签订集体合同试行办法》，各级工会开始贯彻落实。1996年5月，劳动部、全国总工会、国家经贸委、中国企业家协会联合发布《关于逐步实行集体协商和集体合同制度的通知》，进一步规范并推广集体协商和集体合同制度。各产业工会积极落实相关要求，推进集体协商和集体合同制度。1996 年 9 月，轻工业工会在与中国轻工总会召开联席会议后联合下发了《关于在轻工企业中推行建立平等协商、签订集体合同制度的意见》，要求各级党政工要进一步提高对建立平等协商、签订集体合同制度重要意义的认识，加强对平等协商、签订集体合同工作的领导、指导、协调和服务，建立平等协商和签订集体合同的氛围，加强对履行合同的监督检查。与此同时，纺织工会在建立平等协商、签订集体合同制度方面也取得明显进展。许多省市纺织工会会同党政制定了推行集体合同制度的规划和工作目标，加强了分类指导，提高了集体合同的签订率。

1997 年 4 月，烟草行业建立平等协商、签订集体合同制度专题会议在北京召开。会议总结了烟草系统平等协商、签订集体合同工作开展的情况，交流了经验，提出了进一步深入开展这项工作的意见和要求。同年，中国轻工业工会对部分省市轻工系统集体合同中劳动保护条款签订、履约的情况进行了调查。

1999 年，轻工业工会对北京、上海、天津、重庆、江苏、四川、山东等地外商投资的轻工企业和港澳台企业建立协商机制、推行集体合同制度的情况进行了调查研究。调查表明：欧美投资企业好于港台投资企业，大企业好于小企业，整体合资企业好于局部合资企业。同时，调查也反映出工会组织在建立协商机制、推行集体合同制度中的作用主要体现在抓紧建制、加强管理、注重培训三个方面。

2000 年 11 月，全国烟草系统推行集体合同制度工作会议召开。会议总结交流了各地烟草企业建立平等协商、签订集体合同制度的情况，对烟草行业实现集体合同制度工作的新突破提出了要求。其时，全国烟草系统已有80%以上的工业企业及部分商业企业和服务行业建立了平等协商和集体合同制度，多地烟草工业企业和烟草系统商业企业全员签订了集体合同。

（三）加强安全生产，不断提升工会劳动保护水平

1992年10月，轻工业工会在安徽黄山举办第二期劳动保护师资培训研讨班，培训面向工会劳动保护专职干部与职工教育工作者，通过培训使学员掌握培训工会劳动保护干部或教育职工安全生产的方法。培训结束后，轻工业工会还向各省（区、市）轻工业工会印发了《安全健康与工作环境》师资培训大纲。同年12月，财贸工会在中国工运学院举办全国财贸系统工会劳动保护干部培训班，除了讲授劳动保护政策法规、工业卫生与职业病等课程，还组织学员赴燕莎商城、国贸中心等进行教学参观。

1993年，全国各类事故明显上升，如深圳致丽玩具厂火灾事故、福州高福纺织有限公司火灾事故等一些伤亡人数多、经济损失大、社会影响广的特大事故频繁发生，安全生产形势十分严峻。同年2月，轻工业工会发布《关于认真搞好群众安全生产工作的通知》，并转发轻工业部决定在全国轻工业系统开展“安全生产周”活动的相关通知。此后，轻工业工会多次发布有关安全生产的文件，指导各地轻工业工会建立工会劳动保护监督检查责任制、健全各级劳动保护监督检查组织网等。1995年4月，全国轻工业工会劳动保护工作研讨会在广西召开，会议分析了轻工业系统安全生产劳动保护存在的问题，研究了解决问题的举措。2000年，轻工业工会制定了《加强轻工系统工会安全生产劳动保护工作的意见》，提出了保护职工在生产过程中的安全与健康的五条要求，包括将工会劳动保护工作纳入依法维护的轨道上来、保持工会劳动保护监督检查员队伍的稳定、加强管理、重点加强对特殊行业的治理与防范、加大宣传力度等。

防火是安全生产的重要内容。1993 年 5 月，财贸工会在四川乐山举办财贸系统工会劳动保护干部中级培训班，围绕商业防火安全、“三同时”（安全设施与主体工程同时设计、同时施工、同时投入生产和使用）检查验收等设置课程。同年，财贸工会还对财贸系统劳动保护监督检查队伍状况进行了调查。2000 年，轻工业工会与中国文教体育用品协会组成联合调查组，对上海、杭州、富阳市生产乒乓球、赛璐珞片等易燃易爆物品企业的安全生产劳动保护状况进行了调研，针对存在的问题提出了实行特殊管理、落实防火规定、加强行业自律、加强教育培训等建议。

四、在企业改革中强化民主管理

（一）适应市场经济建设需要，兴办企事业

在市场经济建设的背景下，为贯彻党中央大力发展第三产业的指示精神，落实全国工会企事业工作会议精神，1992 年 9 月，中国轻工业技术协会会长、秘书长办公会在吉林市召开，明确轻工业工会兴办企事业工作由中国轻工业技术协会牵头，从基层起步，从城市起步，由小到大，由少到多，逐步开展工会企事业工作。同年 11 月，全国轻工业工会工作会议暨轻工业职工技协一届四次委员会议在浙江杭州召开，会议研究在新形势下如何做好产业工会工作，以及工会和技术协会如何兴办三产。随后，轻工业工会决定开办全国轻工业职工旅行总社，并由重庆市轻工业工会具体筹办。旅行总社旨在促进轻工业旅游事业以及国内、国际间的各类交流开展。

与此同时，中国纺织职工技术协会创办不定期简报《纺织技协三产信息》，宗旨是宣传党中央加快发展第三产业的方针政策，落实全国总工会就工会、职工技协组织兴办第三产业的指示精神，

交流各地纺织工会兴办第三产业的做法、经验，并提供各类经济技术信息。

（二）推进商业企业改革试点

1991年11月，国家体改委、商业部在重庆召开全国搞好国合商业企业座谈会，推广了重庆商业企业“四放开”（经营、价格、用工和分配）的经验，要求进一步推动以转换内部经营机制为中心内容的商业企业改革试点工作。1992年，财贸工会对商业“四放开”试点企业中的近1.5万名职工进行调查，又采取典型调查、问卷调查和召开研讨会等形式对各地商业“四放开”改革情况开展调查。调查结果表明，以商业企业的经营、价格、用工、分配放开为主要形式的商业“四放开”改革，是实现企业特别是大中型商业企业经营机制转换的一种有效形式，搞活商业企业的根本出路在于深化商业改革；广大商业职工坚决拥护深化企业改革，并具有相当的承受能力和强烈的参与意识；深化商业改革必须依靠广大职工群众，重视发挥工会、职代会的作用。同年6月，财贸工会在湖北武汉召开商业“四放开”工会工作研讨会，使各级财贸工会组织在“四放开”改革中进一步实现思想到位、行动到位。

1992年2月，轻工业工会在北京召开《〈中华人民共和国城镇集体所有制企业条例〉轻工业实施细则》征求意见座谈会，要求认真贯彻《城镇集体所有制企业条例》，切实加强集体企业民主管理工作，并强调必须消除“左”的禁锢和积习，认真按城镇集体经济的性质和特点办企业。

（三）建立现代企业制度

自1992年起，纺织工会根据全国经济体制改革工作会议精神和全国总工会的要求，将促进纺织企业转换经营机制作为一项重点工作，并就依靠职工深化改革，推动企业转机建制，建立现代企业制度作出部署。经过改革，企业引进了个体和私营经营机制，所有权与经营权分离，竞争机制和激励机制有所增强，部分企业取得较好效果，但也存在着改革措施不配套、制约机制不健全、企业经营不规范、职工的合法权益和企业的民主管理被削弱等问题。1993 年 5 月，纺织工会、上海市纺织工会完成《关于股份制企业职代会问题的调查报告》，报告主要针对国有企业转制为股份制企业后，如何坚持和完善职代会制度以及理顺职代会同股东大会、董事会的关系的问题，涉及上海率先实行股份制改革的二纺机、中纺机、龙头、嘉丰、申达五家纺织企业的实践案例。

1993 年 10 月，财贸工会在浙江杭州召开旅游工会工作交流会，会议围绕贯彻《全民所有制工业企业转换经营机制条例》交流推进旅游企业民主管理工作的经验。会议指出，民主管理是社会主义企业的优势和特征，重视和加强企业民主管理是完善企业管理的需要，是企业现代化管理的重要标志，工会要积极协助党政抓好企业经营机制转换，协调好企业劳动关系，更好地团结和组织广大职工在深化改革和加快旅游发展中发挥作用。

1993 年，财贸工会和对外经济贸易合作部共同制定的《全国外经贸行业企业民主管理规范》正式下发。此后，财贸工会还到各地检查规范落实情况。检查发现各地对规范普遍重视，北京、上海、天津、河北等地的外贸系统落实较好，开办了民主管理规范学习班，普遍建立健全了民主管理小组，制定了企业民主管理规范实施细则。为推动规范进一步贯彻落实，1994 年 9 月，财贸工会在辽宁丹东召开会议，交流了民主管理方面的经验和规范落实情况，研讨了外贸企业转换经营机制、建立现代企业制度中职工民主管理面临的新情况和新问题。

1994 年 7 月，轻工业工会在上海召开股份制和股份合作制企业的民主管理调研会。会议重点调查了股份制和股份合作制企业民主管理的现状，交流了如何在改制中坚持和完善职工代表大会制度，积极探索工会工作和民主管理新的实现形式、途径和运行方式。会议认为：在推进国有企业转机建制的过程中，职工的主人翁地位没有变，企业必须加强职工民主管理工作；股份合作制企业的民主管理同样应加强；加强职工民主管理，需要在党的领导下，取得行政支持与密切合作，需要社会各方面的共同努力。同年，轻工业工会还对四川、河南、陕西、上海等13个省市的企业职工民主管理情况进行调查研究。相关调研有效推动了制度建设。

1995年，国务院确定现代企业制度百家试点企业。其中，财贸系统有15家，纺织系统有12家。同年，财贸工会派出调查组到河北、天津、广东、甘肃等17个省市进行调查，此后又对系统内15家全国试点企业进行跟踪调查，建立了企业的工作档案。纺织工会对上海三枪集团公司进行了跟踪调查，对中国纺织机械工业总公司、河南嵩岳集团、包头纺织总厂、兰州三毛、西北七棉等试点企业进行了调查，为产业政策制定提供了依据。1996年4月，纺织工会在上海召开工会参与现代企业制度试点工作座谈会，推动了全国总工会提出的两个“六个必须”的贯彻落实。

随着现代企业制度的不断完善，工会推动企业民主管理工作也在逐步体系化、制度化。1996年7月至8月，轻工业系统先后召开股份合作企业职工权益问题调研会议和现代企业制度试点企业工会工作调研会议。会议讨论了《关于加强股份合作企业的工会工作和民主管理工作的意见》初稿，交流了工会参与改革、突出维护职能和建立平等协商、签订集体合同制度以及职工董监事制度等方面的经验。1997年11月，财贸工会分别与内贸部、全国供销合作总社、外经贸部、国家旅游局联合下发了《关于建立健全职工代表大会民主评议企业领导干部制度的实施意见》，要求内贸、供销、外经贸、旅游系统各级主管部门和财贸工会组织认真贯彻落实实施，积极推进职工代表大会民主评议企业领导干部工作。1999年12月，财贸工会在上海召开企业集团职代会与实践研讨会，会上制定印发了《关于加强财贸企业集团职代会建设的暂行办法》。湖北武商集团、河北石家庄国大集团、北京王府井百货大楼集团、上海华联集团等26家企业集团工会主席和部分省市财贸工会主席参会，围绕加快国有企业改革、坚持和完善职代会制度、维护职工合法权益等问题进行了认真研讨。

（四）深化国有企业改革

实行产权制度改革，进行所有制结构调整，这是2000年深化国有企业改革的一个重要特点。在财贸系统，各地紧紧围绕企业改革、发展、稳定大局，规范厂务公开运作，拓展厂务公开内容，提高厂务公开质量，使厂务公开工作取得显著效果，有效增强了企业的凝聚力和竞争力，较好地解决了企业改革发展中的一些热点难点问题，并加强了企业的监督制约机制，进一步强化了以职工代表大会制度为基本形式的民主管理制度建设。2001年3月，财贸工会会同辽宁省财贸工会在辽宁鞍山召开了“推行鞍山商贸委实行厂务公开、深化民主管理现场会”，为推动财贸企业厂务公开向纵深发展起到了积极作用。随后，财贸工会又赴湖南、湖北、河北等地对国有商贸企业实施“两个置换”（通过产权转让使企业产权主体多元化，“置换”企业的国有性质；通过一次性补偿“置换”职工全民身份）的情况开展调研。调研发现，由于国有企业职工长期以来形成的“铁饭碗”思想，职工身份置换成为改革中的难点。

在纺织系统，各级纺织工会积极支持参与企业的改制重组和兼并破产工作，加强民主管理和民主监督，充分发挥职代会的作用，协助党政依照政策和规定妥善处理改制过程中劳动关系的突出问题，维护了职工的合法权益，促进了企业改革的深化。同时，通过调研总结有代表性的企业工会在深化企业产权制度和劳动制度改革中积极发挥作用的经验，特别是全心全意依靠职工、积极稳妥地推进国有企业产权制度改革的经验。

全国轻工、烟草系统推行厂务公开大体上经历了探索尝试、扩大试点、全面推广、规范提高四个阶段。轻工业工会通过北京、天津、上海、重庆、河北、山东、浙江等省市轻工、烟草工会推行厂务公开情况的调查发现，大部分省市成立了领导小组，对实行厂务公开的原则、形式、内容提出了实施意见。推行厂务公开有效强化了职工主人翁意识，调动了职工积极性，促进了企业生产发展。

五、适应职工队伍的新变化与新需求

（一）职工维权工作新发展

在企业改革的过程中，职工的劳动关系也在不断变化，职工维权工作面临新的问题。1992 年 3 月，财贸工会在江苏、浙江、上海、广东、陕西、北京等旅游热点省市面向一线服务员、导游、司机开展旅游企业精神文明建设情况调研。调研发现，一线职工普遍对“二次就业”问题（旅游行业如何安置老职工）表示担忧，于是提出了调整岗位年龄结构、扩大用工范围、建立行业内部人才市场等建议。1994 年 4 月至 8 月，财贸工会对北京、天津等 8 个省市的部分外资旅游饭店劳动关系进行了调查。调查结果表明，外资旅游饭店劳动关系较为稳定，劳动争议能够得到及时妥善解决，但外商企业的劳动法律和政策尚不完善，部分经营者、管理者和主管部门还存在着一些不正确认识。对此，应依法建立民主参与制度，重视工会在协调劳动关系中的作用。

1995 年，随着《劳动法》的颁布，财贸工会先后对湖南、江西、山西、河北、河南5个省的外经贸企业进行了调查，又对北京、上海、天津、浙江、贵州等地的40家旅游企业进行了调查。调查结果显示，全国外经贸系统宣传贯彻《劳动法》已初见成效，旅游企业在学习、宣传《劳动法》并落实具体条款方面也取得了明显效果。1999年，财贸工会对全国22座城市41家大型商业零售企业“引厂入店”信息员（厂家自聘的营业员）情况进行调查。调查发现，信息员的政治权益和经济利益缺乏必要的保障，主要表现在劳动关系不规范、厂家与商家结算货款不及时、休息休假难保证、福利待遇难落实等方面。对此，财贸工会提出研究解决以商业企业为载体开展商业信息员建会入会工作、探索商业企业与商业信息员建立劳动关系新机制等建议。同年，财贸工会还首次召开女职工工作会议。会议总结经验，宣传典型，团结财贸系统广大女职工为推进国有企业的改革和发展、实现党的十五大提出的跨世纪发展的宏伟目标而奋斗。会议特别邀请了财贸系统的全国女劳模参加并作报告。

轻工业工会注重发挥组织作用。1992年9月，轻工业工会与轻工业部联合印发《关于进一步加强轻工业班组建设的意见》，要求提高对新形势下加强班组建设的认识，加强班组建设的组织领导，不断探索在社会主义市场经济中班组工作的新内容和新特点，推进班组工作上新台阶。同年10月，轻工业工会在江苏南京举办工会劳动工资干部培训班暨座谈会。培训班聘请专家讲授劳动人事制度、工资分配制度、保险制度等内容，并研究在深化改革中进一步开展群众工资工作、建立轻工业工会群众工资信息网络。1993年至1994年，轻工业工会和国家烟草局两次召开全国烟草行业工会工作研讨会，围绕烟草行业经济工作中心、创造性地开展工会工作等问题进行交流和探讨。1999年，轻工业工会对部分省市轻工系统合资企业劳动关系状况进行了调查，并针对合资企业劳动关系中存在的突出问题，提出了加快合资企业组建工会步伐、加强对中方代表的教育管理、从立法的角度重视职工劳动合同续签、建立健全集体协商机制等建议。

纺织工会注重职工的利益诉求。1992 年 4 月，纺织工会在浙江杭州举办纺织系统工会干部岗位技能工资制培训班，旨在使纺织系统工会干部尽快适应企业劳动工资制度相关改革，提高政策水平；又在江苏无锡举办全国纺织系统工会女工干部培训班，旨在全面提高工会女职工干部素质。1993 年，纺织工会完成《关于纺织企业开班工时制度改革情况的调查报告》，分析了开班工时制度改革的原因，总结了目前常见的开班工时制度与开班工时改革的初步成效，并提出相关建议。

（二）加强职工福利

1992 年 6 月和 9 月，商业部分别在吉林长春和广西桂林召开部分省（区、市）商业企业职工集体福利工作座谈会，分析当前职工福利工作状况，并从思想认识、抓好重点、制度建设等方面提出要求。会后，财贸工会将会议情况印发给各省（区、市）财贸工会，要求各地商业部门、财贸工会结合当地情况贯彻执行。

劳模疗休养工作正常开展。即便是在工会经费紧张的情况下，纺织工会依然千方百计筹措资金，组织了生产一线劳模参加休养活动。同时，劳模的服务管理工作也受到重视。1994 年 4 月，财贸工会会同国内贸易部行业管理司联合发出通知，对全国内贸系统劳模管理问题进行调研。结果显示，劳模管理的情况总体是好的，不少单位的领导重视劳模的宣传和管理工作，有些单位和企业还制定了比较系统的培养劳模的办法，但劳模管理也存在劳模宣传淡化、劳模生活困难、劳模培育薄弱等问题。对此，财贸工会提出了端正认识、规范管理、提高待遇、加强培育等建议。1996 年，山东、浙江、广东、陕西、河北、天津、云南、江苏、辽宁、吉林等省市财贸工会与旅游局工会就旅游行业劳模及劳模管理工作进行了调查，摸清了劳模的基本状况，并就加强劳模工作提出意见和建议。1996 年“五一”国际劳动节前夕，财贸工会与国家旅游局共同召开了劳模和先进集体座谈会。会议指出，旅游行业要形成一个尊重劳模、依靠劳模、支持劳模、关心劳模的浓郁氛围，着力宣传劳模事迹，扩大劳模影响，推动旅游职工队伍的两个文明建设。

第十一章

21世纪之初的财贸轻纺烟草工人和工会工作

一、财贸轻纺烟草工会的建立与工会工作的优化

2001年，全国总工会进行机构改革，由财贸工会、轻工业工会和纺织工会组建成立中国财贸轻纺烟草工会。2002年2月22日，财贸轻纺烟草工会明确领导分工和业务处室对应全国总工会职能部门工作分工，内设机构为办公室、商贸工作部、旅游饮服工作部、轻工烟草工作部、纺织工作部。这一设置延续至今。

（一）一届一次全委会议

2002年1月7日至9日，中国财贸轻纺烟草工会全国委员会一届一次会议在北京召开。全国总工会领导人张俊九、孙宝树、倪豪梅、苏立清及中国轻工业联合会、中国纺织工业协会、对外经济贸易合作部、国家烟草专卖局等单位负责同志出席开幕式。会议回顾总结了多年来全国财贸、轻工、纺织、烟草行业各级工会组织的工作，分析了“十五”时期财贸轻纺烟草行业和工会工作面临的形势与任务。会议选举贾艳敏为主席，张继平、王淑芬为副主席。

2003年1月、2003年12月、2004年12月、2005年12月，财贸轻纺烟草工会分别在北京、海南海口、湖南长沙、黑龙江哈

尔滨召开四次全委会议，回顾总结年度工作，研究确定下一年度的工作规划和工作重点；根据常委和委员工作变动情况补选常委，替补、增补委员；表彰优秀工会工作者、优秀工会积极分子，表彰年度优秀调研成果和优秀理论研究成果，表彰工会优秀信息单位。《关于团结动员财贸轻纺烟草行业广大职工为实现全面建设小康社会宏伟目标而奋斗的决议》《中国财贸轻纺烟草工会关于发挥委员作用的意见》等在一届二次全体会议上讨论通过，《关于开展向章凤仙同志学习的决定》在一届五次全委会议上通过。

（二）二届一次全委会议

2007 年 1 月 4 日至 5 日，中国财贸轻纺烟草工会二届全委会一次全体会议在北京召开。全国总工会副主席、书记处书记孙宝树和全国总工会书记处书记、经费审查委员会主任张秋俭出席大会，商务部、国家粮食局、国家烟草专卖局、中国纺织工业协会、中国轻工业联合会、中华全国手工业合作总社、中华全国供销合作总社、中国商业联合会等领导出席会议开幕式。会议听取了贾艳敏代表一届常委会所作报告，总结了五年来的工作，确定了今后五年工作的总体要求和主要任务。会议选举产生了二届全委会的领导机构，贾艳敏当选为主席，查学明、蔡瑞霞当选为副主席。会议表彰了一届全委会成立以来为工会工作作出突出贡献的 223 名优秀工会工作者、197 名优秀工会积极分子和 194 名荣誉工会积极分子。

2007 年 12 月、2008 年 12 月、2009 年 12 月，财贸轻纺烟草工会分别在广西桂林、广东广州、北京召开三次全委会议，传达学习中央书记处关于工会工作的重要指示精神；回顾总结年度工作，研究确定下一年度的工作规划和工作重点；根据常委和委员工作变动情况补选常委，替补、增补委员；表彰优秀工会工作者、优秀工会积极分子，表彰年度优秀调研成果和优秀理论研究成果，表彰工会优秀信息单位；河南省轻工烟草工会、辽宁省财贸轻纺金融工会等20余家单位现场交流工作经验或进行书面发言交流。《关于动员组织财贸轻纺烟草行业广大职工为促进经济平稳较快发展而努力奋斗的决议》在二届三次全委会议上通过。

（三）三届一次全委会议

2011年11月29日至30日，中国财贸轻纺烟草工会三届一次全委会议在北京召开。全国总工会党组书记、副主席、书记处第一书记王玉普出席会议并代表全国总工会党组和书记处在会议开幕式上发表讲话。商务部、中国轻工业联合会、中国纺织工业联合会、国家旅游局、国家烟草专卖局等单位负责同志分别在大会开幕式上致辞。会议审议通过了王晓峰代表二届全委会所作的工作报告，回顾总结了二届全委会五年的工作，确定了三届全委会今后五年的主要任务。会议选举产生了中国财贸轻纺烟草工会第三届全委会领导机构，主席王晓峰，副主席王洪泽、杨冬旭，以及39名常委。会议表彰了全国财贸轻纺烟草行业先进基层工会137个、优秀工会工作者304人。来自全国商贸、粮食、供销、旅游、饭店、餐饮、轻工、纺织、烟草等行业的180多名委员出席了会议。

（四）与业务对口部门加强联系，召开联席会议

2002年2月，财贸轻纺烟草工会成立后，与中国纺织工业协会、国家经贸委经济运行局、国家安全生产监督管理局、中国文教体育用品协会、国家经贸委贸易市场局、中国糖业协会、国家烟草专卖局先后召开了五个座谈会；走访了对外贸易经济合作部、国家旅游局、中国商业联合会和中华全国供销合作总社，进一步巩固和发展了与对口产业部委、行业协会和有关部门的工作联系与合作。同年12月，与中国轻工业联合会召开了首次联席会议，

讨论通过了《中国财贸轻纺烟草工会与中国轻工业联合会关于建立工作联系制度的意见》，成立了联席会议协调工作小组，商定双方共同开展的工作；又在与国家烟草专卖局的工作商谈中商定建立联席会议制度，并就烟草行业工会组织建设和职工队伍建设等问题共同进行调研和联合开展工作。

此后，财贸轻纺烟草工会与中国轻工业联合会、国家烟草专卖局、中国纺织工业协会、中国商业联合会建立了联席会议制度，在会上通报影响职工队伍稳定的突出问题，传达党中央关于工人阶级和工会工作的一系列重要指示精神，通报各自开展工作情况，明确在调查研究、推进“两个普遍”、职工技能比赛、节能减排工作、劳动定额标准制定与推广、创建劳动关系和谐企业活动、弘扬劳模精神、总结推广经验等方面合作的工作重点和工作领域，协商下一步联合开展的工作。

随着联席会议制度作用的持续发挥，财贸轻纺烟草工会与对口产业部门、行业协会的联系不断深化，合作领域也逐步扩大，围绕涉及产业发展和职工切身利益的重大问题联合调查，重要工作联合部署，发挥了源头参与和宏观维护作用。通过经常性的工作联系与沟通，有效解决了涉及产业发展和职工合法权益的突出问题，形成了共促产业改革发展的新局面。

（五）加强党的建设

2002 年 2 月 9 日，财贸轻纺烟草工会成立党支部，王淑芬任书记，邢怀珍任副书记。2004 年 2 月，财贸轻纺烟草工会党支部召开全体党员会议，按期进行了换届改选。2005 年 2 月，经全国总工会党组研究决定，查学明任中共中国财贸轻纺烟草工会分党组成员，并提名为财贸轻纺烟草工会全国委员会副主席候选人。2006 年 1 月，根据财贸轻纺烟草工会一届五次全委会议选举结果，查学明为中国财贸轻纺烟草工会第一届全国委员会副主席。

同年，王淑芬任财贸轻纺烟草工会巡视员。2009 年 3 月，财贸轻纺烟草工会选举产生了新一届党支部委员会，支部书记贾艳敏，副书记蔡瑞霞。

财贸轻纺烟草工会成立以来，积极组织机关干部学习重要会议精神，学习国家领导、全国总工会领导的重要讲话内容。例如：2003 年 8 月在云南昆明召开的中国财贸轻纺烟草工会一届四次常委（扩大）会议认真学习贯彻《中共中央关于在全党兴起学习贯彻“三个代表”重要思想新高潮的通知》精神，总结交流全国财贸轻纺烟草行业各级工会学习贯彻“三个代表”重要思想、推动工会重点工作的情况和经验；2007 年 11 月召开的学习贯彻党的十七大精神、研究 2008 年重点工作务虚会明确要把学习贯彻党的十七大精神作为首要任务，紧紧围绕服务大局开展工作，继续着力为职工办实事、办好事，在改善民生中充分发挥工会组织的作用。2008 年 10 月召开的学习贯彻中国工会十五大精神座谈会传达胡锦涛在与工会新一届领导班子成员和中国工会十五大部分代表座谈时的讲话精神，通报中国工会十五大的有关情况。此外，财贸轻纺烟草工会还在 2008 年开展学习实践科学发展观活动再动员，明确财贸轻纺烟草工会开展深入学习实践科学发展观活动的实施方案、进度安排和重点工作，并在 2009 年 2 月召开会议总结深入学习实践科学发展观活动整改方案，巩固和发展学习实践科学发展观活动的成果。

配合理论学习的不断深入，财贸轻纺烟草工会同步开展加强作风建设的活动。2004 年 4 月，财贸轻纺烟草工会党支部制定《关于开展“学理论、树形象、创先进”活动的实施方案》，并成立了领导小组。活动通过参观学习、交流访问、讲座研讨等方式提高机关干部的思想素质，先后邀请中央党校教授、中央政策研究室专家、《工人日报》记者、北京市西餐业协会会长等进行专题讲座，还组织参观大寨、红旗渠等地，参观西柏坡精神巡回展、复兴之路大型主题展、“永远跟党走”庆祝中国共产党成立90周年图片展等，组织学习陈少敏、王水官、郭明义等同志的先进事迹，组织学习文花枝、常雨琴等行业内优秀职工的先进事迹。汶川地震发生后，财贸轻纺烟草工会全委领导和各处干部千方百计与四川、重庆、陕西、甘肃、宁夏、云南等地震受灾地区的财贸轻纺烟草工会取得联系，了解各地情况，传达全委机关的慰问和关心。同时，还组织机关全体党员干部参加职工抗震救灾志愿者活动。2003年以来，中国财贸轻纺烟草工会党支部先后被授予全总机关先进党支部、全总机关文明单位、中直机关先进基层党组织称号。

二、推进全面建设小康社会与工会工作新发展

（一）加强职工思想教育，表彰模范先进人物

财贸轻纺烟草工会成立后，副主席王淑芬参加全国轻工行业思想政治研究年会，并当选为全国轻工行业思想政治研究会副会长。同时，财贸轻纺烟草工会通过连续开展全国商业服务品牌交流演示活动，为职工不断树立先进榜样；又通过开展服务职工在基层活动面对面地向职工群众广泛宣传阐释了党的理论和路线方针政策以及中国特色社会主义工会发展道路，引导和帮助基层干部和职工群众认清形势、坚定信念、增强信心。

2002年9月，财贸轻纺烟草工会与国家经贸委贸易市场局共同推动制定《关于进一步加强商业职业道德建设的意见》，并与部分地方省市共同部署，推动落实。此后，财贸轻纺烟草工会又与中国商业联合会在江苏南京联合召开全国商业服务业先进企业和优秀营业员（服务员）表彰大会暨商业服务品牌经验交流会议，在表彰商业服务业近年涌现出的先进集体和优秀营业员（服

务员）的同时，注重总结交流深化职业道德建设的成功做法和经验。2003年6月至7月，财贸轻纺烟草工会与中国烹饪协会共同表彰了全国餐饮业抗击非典先进集体和先进个人，与中国商业联合会在北京召开全国商业服务业抗击非典先进集体和个人表彰大会，产生了良好的示范教育作用。2005年，财贸轻纺烟草工会借召开全国劳模表彰大会的东风，组织职工深入学习劳动模范的先进思想和模范事迹，大力弘扬劳模精神，广泛开展创树服务品牌、职工技能比赛、拜师学艺、培养职业技能带头人等具有产业特色的职工经济技术创新活动和“创争”活动。2006年，财贸轻纺烟草工会及时关注湖南省优秀导游员文花枝舍身救游客的先进事迹，并通过中央电视台等主流媒体和“五一”文娱会演广泛宣传。2010年全国劳模大会期间，财贸轻纺烟草工会积极与对口业务部门沟通，组织开展劳模对口服务活动；充分利用全委网站及媒体资源，重点宣传了60多名全国劳模的先进事迹，推动了崇尚劳模、学习劳模、争当劳模、关爱劳模的良好氛围。

（二）开展商业服务品牌经验交流活动

21世纪以来，财贸轻纺烟草工会多次开展商业服务品牌经验交流活动，挖掘更多的优秀劳动者，带动更多的职工群众。

2004年至2005年，财贸轻纺烟草工会与中国商业联合会、中国百货商业协会在辽宁、山东、山西、湖北、湖南等地举办全国商业服务品牌交流演示活动，邀请商业战线的劳模参加，并举行了全国劳模服务品牌拜师仪式。活动得到了中宣部、商务部及中央和地方新闻媒体的支持和关注，在社会上产生了广泛的影响，对倡导诚信经商、创建服务品牌、加强商业职业道德建设起到了重要的示范带动作用。配合商业服务品牌创建工作的持续推进，财贸轻纺烟草工会不断发掘并宣传各类优秀职工，一大批具有时代特征、服务技艺高超的服务品牌模范人物脱颖而出，产生广泛影响，如财贸轻纺烟草工会与中国商业联合会评选表彰的全国商业服务业十佳企业、十佳经营者、十佳店长、十佳营业员；与中国纺织工业协会评选表彰的优秀 QC 小组；与中国饭店协会评选表彰的全国饭店业优秀企业家、饭店业优秀女企业家；与中国酿酒工业协会评选表彰的全国酿酒行业百家先进企业、百名先进个人。

2009 年，财贸轻纺烟草工会与中国商业联合会、中国百货商业协会组织动员广大商业服务企业，大力开展“服务品牌进万店”活动，并在浙江余姚举办了全国商业劳模服务品牌优质服务下乡活动，有力地推进“家电下乡”和“万村千乡”工程的开展，推动了扩大内需政策的落实。

（三）拓展劳动竞赛的种类

餐饮领域，财贸轻纺烟草工会与中国商业联合会、中国旅游饭店业协会、中国烹饪协会等十余家单位定期联合举办全国烹饪技术比赛。比赛以“创新、实用、美味、健康”为宗旨，分为个人赛和专项赛，在全国不同赛区的多个赛场进行。2003 年开始，财贸轻纺烟草工会又与中国饭店协会等单位联合举办中华烹饪技术创新大赛，细分果蔬雕刻、热菜、冷拼、面点等不同赛项。此外，财贸轻纺烟草工会与中国焙烤食品糖制品协会、中国就业培训技术指导中心多次共同举办全国焙烤食品行业职工技术比赛，分为面包制作、月饼制作和装饰蛋糕制作三大类竞赛，全行业数万名不同所有制企业的职工参赛，2005 年的比赛中，德国、英国、西班牙、瑞典等 31 个国家的焙烤食品行业职工前来观摩，部分外国职工还进行了现场表演。2005 年，财贸轻纺烟草工会与中国酿酒工业协会、中国就业培训技术指导中心、中国轻工业职业技能鉴定指导中心共同举办“枝江杯”全国品酒技能比赛，全国各地数千家白酒生产企业派出选手参赛，财贸轻纺烟草工会还为在全国决赛中获得第一名的酿造师张锋国申报了全国五一劳动奖章。此后，品酒技能比赛越发细化，葡萄酒品酒比赛、啤酒品酒比赛等相继推出。

商业服务领域，2004 年以来，财贸轻纺烟草工会与中国商业联合会、中国银联定期联合举行“银联杯”商业服务业收银员银行卡知识技能竞赛，通过初赛和复赛从各地数千家商家和数千名选手中选出优秀选手参加决赛。同样是 2004 年以来，财贸轻纺烟草工会、中国商业联合会和中国人像摄影协会共同举行全国影楼化妆行业青工技术能手大赛，分为晚礼妆、艺术创意妆和新娘白纱妆等项目，决赛获胜选手获得全国影楼化妆青年技术能手暨全国影楼十大化妆名师称号。2005 年起，财贸轻纺烟草工会与中国饭店协会等单位多次联合举办全国饭店系统服务技能比赛，由国内饭店业技术权威人士和特邀嘉宾组成的专家评委会，从中式烹调师、中式西点师、客户服务员、餐厅服务员、前厅服务员、调酒师等各项比赛中评选出技能优异者。此外，财贸轻纺烟草工会多次参与举办金刚钻·海尔媒体电视杯家电维修大赛。

服装领域，财贸轻纺烟草工会与中国棉纺织行业协会等单位定期联合举办“经纬杯”全国棉纺织行业细纱操作工职业技能比赛，比赛得到了各省（区、市）纺织产业工会和纺织行业办公室、棉纺织行业协会以及劳动和社会保障部门的积极响应。财贸轻纺烟草工会与中国丝绸协会等单位多次举行“杭纺机杯”全国丝绸工业缫丝工职业技能大赛。财贸轻纺烟草工会与中国服装协会等单位多次共同举办“九牧王杯”全国服装制作工职业技能大赛。

随着各类劳动技能竞赛的深入开展，单纯追求产量的评价标准已不再适用，节约与环保理念不断强化。2008 年，财贸轻纺烟草工会与中国纺织工业协会、中国轻工业联合会合作，在纺织印染、造纸和皮革等重点污染行业开展节能减排技术成果评选表彰活动。同年，财贸轻纺烟草工会还组织代表队参加由全国总工会经济技术部、工人日报社主办的“唐钢杯”全国职工节能环保知识竞赛决赛，内蒙古燕京啤酒（赤峰）有限责任公司代表全国财贸轻纺烟草行业参赛并获得优胜奖。此后，节能减排立功竞赛活动在印染、造纸、皮革等行业领域开展，商业服务领域的竞赛也增加了对饭店绿色节能班组的评选。

（四）维护职工权益，推进和谐劳动关系建设

加强企业民主管理是构建和谐劳动关系的重要保障。21 世纪以来，财贸轻纺烟草工会积极推动职工代表大会制度、厂务公开制度等多种形式的职工民主管理制度深入发展，在实施中积累了新的经验。针对行业内非公企业较多的情况，2002 年 9 月，财贸轻纺烟草工会与中国烹饪协会在山西大同召开非公有制餐饮企业民主管理与企业发展研讨会。会议总结交流非公有制餐饮企业民主管理的情况和经验，学习领会加强非公有制企业民主管理的理论、法律依据和有关规定，并印发了《关于非公有制餐饮企业加强民主管理，促进企业发展的意见》。2004 年 9 月，财贸轻纺烟草工会发出关于推荐职工满意的企业领导干部通知，决定对在民主意识强，积极支持职代会、工会依法行使职权，企业生产经营管理中开拓进取等方面有突出贡献的企业领导干部进行表彰。通过各省市财贸轻纺烟草工会的评选和推荐，共有 200 人获得“职工满意的企业领导干部”称号。2009 年 11 月，财贸轻纺烟草工会召开了全国烟草行业企业民主管理工作座谈会，研究新形势下进一步加强烟草行业企业民主管理的思路和途径，交流烟草行业深化改革重组过程中健全和创新企业民主管理工作的做法。

构建和谐劳动关系，对于行业发展具有重要意义。2006 年 4 月，加强维权机制建设推进会在安徽芜湖召开，产业集群、特色区域集中的省市财贸轻纺工会主席、市总工会主席，产业集群特

色区域的党政领导、行业工会联合会主席等70多人参会，讨论《关于构建和谐劳动关系，促进产业集群、特色区域健康发展的意见》。2007年8月，财贸轻纺烟草工会二届二次常委（扩大）会议暨创建和谐劳动关系推进会在新疆乌鲁木齐召开。会议对推动创建和谐劳动关系企业活动深入开展提出要求，并做了经验交流。从2007年起，财贸轻纺烟草工会与中国酿酒工业协会、中国家用电器维修协会、中国纺织工业协会、中国造纸协会等单位开展了创建劳动关系和谐企业活动，制定下发开展创建劳动关系和谐企业活动、促进行业健康发展的指导性意见，多次举办劳动关系和谐企业命名表彰暨经验交流大会，持续评选表彰一批创建劳动关系和谐企业的先进典型。同时还分别在中国商业高端论坛、中国西部皮革发展论坛、全国餐饮行业优秀企业家论坛等会议上积极宣传倡导创建劳动关系和谐企业，宣传工会组织在创建劳动关系和谐企业中的作用，推动创建活动向更深广的领域发展。至2010年，各地共有2.3万多个企事业单位开展了创建劳动关系和谐企业活动。此后，财贸轻纺烟草工会还将完善劳动关系和谐企业标准、扩大评比考核范围、总结宣传推广典型作为劳动关系和谐企业创建活动的重点，把落实“两个普遍”的要求和加强企业社会责任等列入创建和谐企业的重要条件。各级财贸轻纺烟草工会和行业协会加强领导、精心组织，企业和职工积极响应、广泛参与，扎实推进劳动关系和谐企业创建活动的开展，取得了显著成效，涌现出一批先进单位。

构建和谐劳动关系既是为了行业发展，也是为了更好地保障职工权益。21世纪以来，财贸轻纺烟草工会围绕非公有制企业工会组建、进城务工人员合法权益维护、餐饮行业劳动合同制度实施情况等问题加强调查研究，反映行业发展中涉及职工切身利益的突出问题，引起了有关领导和部门的重视。同时，财贸轻纺烟草工会也在积极关注各地开展的有效做法，总结推广南京饮食服务行业工会联合会开展劳资协商的经验、浙江温岭新河镇羊毛衫行业开展行业工资集体协商的经验等。2006 年 11 月，财贸轻纺烟草工会还与中国商业联合会、中国百货商业协会、中国商业企业管理协会共同制定了《关于进一步密切工商关系，维护商业信息员合法权益，构建和谐企业的指导意见》，就维护信息员合法权益等作出了明确规定。

2008 年，在国际金融危机的背景下，财贸轻纺烟草工会召开二届四次常委（扩大）会议暨行业工资集体协商工作推进会，研究确定了上下联动培育 40 个行业工资集体协商典型的任务和措施。2010 年，财贸轻纺烟草工会召开二届七次常委（扩大）会议暨工资集体协商推进会，总结行业工资集体协商工作取得的成效，就进一步推进“两个普遍”作出部署。2011 年 4 月，武汉市商贸金融烟草工会联合会代表职工方，与代表企业方的武汉餐饮业协会正式签订《武汉市餐饮行业工资专项集体合同》，对餐饮行业从业者的工资分配制度、工资支付办法、最低工资标准、工资增长机制、加班工资、医疗待遇、工作时间和休息休假、女职工保护、职工保险、职工福利等作出了具体规定。该合同涉及武汉市 45 万名餐饮从业人员，是当时我国涉及从业人员最多的一份工资专项集体合同。财贸轻纺烟草工会及时对此进行调研总结，相关经验得到了中央领导同志的充分肯定，被誉为“武汉样本”。此后，财贸轻纺烟草工会与中国服装协会联合下发了《关于积极开展服装行业工资集体协商工作的指导意见》《服装行业部分劳动定额指导标准》，并联合开展了劳动定额指导标准的培训工作；又与中国眼镜协会共同开展了眼镜行业部分劳动定额指导标准的制定工作，完成了《眼镜行业企业劳动定额管理系统（软件）》，选择了不同的眼镜产业集群进行验证试点；还与中国商业联合会、中国烹饪协会、中国饭店协会共同印发了《关于积极开展餐饮行业工资集体协商工作的指导意见》。

三、解决职工困难，强化工会的作用发挥

（一）应对突发灾害，发挥工会作用

2003年，面对突如其来的非典疫情，财贸轻纺烟草工会积极协助政府和企业，发动职工，贯彻落实党中央的战略部署，为控制疫情传播、保护人民群众的身体健康和生命安全作出贡献。5月13日，财贸轻纺烟草工会向全国财贸轻纺烟草行业各级工会和战斗在抗击非典一线的广大职工发出慰问信表示敬意和亲切的慰问。6月26日，财贸轻纺烟草工会与中国烹饪协会共同表彰了全国餐饮业抗击非典先进集体和先进个人。7月20日，财贸轻纺烟草工会与中国商业联合会在北京召开全国商业服务业抗击非典先进集体和个人表彰大会。此外，财贸轻纺烟草工会还会同行业协会认真研究了抗非典、促发展的措施，开展了调查研究，形成了《非典对百货零售行业影响严重急需政府支持》《对受非典影响严重的旅游餐饮行业进一步加大扶持力度的建议》《非典疫情对纺织行业的影响及建议》的报告和信息反映，对制定有关扶持政策起到了积极作用。

2008年2月，财贸轻纺烟草工会向全国受到冰雪灾害地区的财贸轻纺烟草行业广大职工发出慰问信，向受灾严重的贵州送去慰问金，并对奋战在抗灾前线的财贸轻纺烟草行业广大职工和因冰雪灾害造成困难的职工进行慰问。在送温暖活动中，财贸轻纺烟草工会走访慰问了北京、天津、湖北、安徽等地困难企业和困难职工，特别是对遭受罕见低温雨雪冰冻灾害的贵州灾区的困难职工进行了慰问和帮扶。

同年5月，汶川地震发生后，财贸轻纺烟草工会激励和鼓舞全国救灾帐篷生产企业和职工加快生产，积极为灾区群众作出贡

献。5月26日，向全行业发出《关于在帐篷生产企业开展支援灾区，加快生产，为灾区群众做贡献的通知》，号召全国帐篷生产企业深入开展争创工人先锋号活动。5月28日，财贸轻纺烟草工会相关负责人赴北京五洲佳泰新型涂层材料有限公司慰问正在赶制救灾帐篷的生产企业职工，赠送慰问品和慰问金，并向该公司颁发工人先锋号奖牌。同年，财贸轻纺烟草工会还对四川灾区的困难职工进行了慰问和帮扶，对灾区困难职工子女进行助学帮扶。全国财贸轻纺烟草行业有20个抗震救灾成绩突出的单位，被全国总工会授予全国工人先锋号称号。

（二）应对市场变化，帮扶困难职工

2004年，财贸轻纺烟草工会启动了以教创业、授技能、帮就业、助解困为主题的帮助单亲特困女职工活动，提出全系统帮扶600名下岗单亲特困女职工脱贫的目标，并对青海、广东等10多个省市60多名下岗单亲特困女职工进行了走访和慰问。2005年起，财贸轻纺烟草工会在全行业开展了每年帮扶1000名单亲特困女职工子女的助学活动，重点资助系统内单亲特困女职工子女上大学。

2006年2月，东西部地区“手拉手”帮扶活动座谈会在甘肃兰州召开，北京市一轻控股有限责任公司工会、上海市轻工业工会联合会、上海市纺织工会、上海市烟草工会、陕西省纺织工会等常委所在单位参会，为甘肃省财贸轻纺烟草行业的困难职工送去了帮扶款，并介绍了“金秋助学”“扶持再就业带头人”“结对帮困交友”等送温暖工作的经验。

国际金融危机发生后，2009年，财贸轻纺烟草工会与中国烹饪协会、中国焙烤食品糖制品工业协会、中国造纸协会分别联合下发了《关于开展共同约定行动的意见》，广泛开展了具有产业特点的“共同约定行动”，努力推进企业和职工建立利益共同体，

做到共渡难关、共谋发展，并把推进“共同约定行动”与和中国烹饪协会共同开展的餐饮企业“促进发展、关爱员工、实现双赢”的典型调查结合起来。各地财贸轻纺烟草工会积极推动本地区本行业企业签订《共同约定书》，有的地区还发出《倡议书》，号召企业和广大职工同舟共济、共克时艰。

（三）强化安全生产，重视职工健康

2002 年，财贸轻纺烟草工会积极参与了国家安全生产管理局对轻工行业《乒乓球、赛璐珞片等生产企业安全防火规定》的修订，并提出在《规定》中增加“劳动者权利与义务”一章的建议。次年，《赛璐珞片、乒乓球生产企业安全管理规定》通过专家审定。

2004 年，财贸轻纺烟草工会派员参加了由卫生部、劳动保障部、公安部、农业部、国家工商总局、国家税务总局、国家安全监督局、环保总局和全国总工会九部委组成的“全国乡镇企业、农村个体工商户职业病防治危害专项整治工作督查组”，着重参加了对山西太原、阳泉，河北辛集、白沟等地箱包、制革有毒有害作业治理情况的调查。同年，围绕皮革加工行业职业危害、烟花爆竹企业安全生产等问题加强调查研究，形成一批调查报告，反映了产业发展中涉及职工切身利益的突出问题，引起了有关领导和部门的重视。

2007 年，财贸轻纺烟草工会与中国家用电器维修协会共同推动空调安装工佩戴安全带工作，下发了《关于监督指导空调安装工佩戴安全带的通知》，并深入空调维修服务企业进行了现场督察。这项工作引起了社会广泛关注，对推动工会组织建设、促进行业发展、维护农民工合法权益起到了积极作用。

第四编

中国特色社会主义新时代的财贸轻纺烟草工运事业

第十二章

推进工会工作创新发展

一、全国委员会全体会议的召开

（一）第三届二次至六次全委会议基本情况

在三届一次全委会议召开之后，2013 年至 2016 年，财贸轻纺烟草工会陆续召开了三届二次、三次、四次、五次、六次全委会议。

2013 年 1 月，中国财贸轻纺烟草工会三届二次全委会议在北京召开。财贸轻纺烟草工会主席王晓峰以《以学习贯彻党的十八大精神为统领 在实现全面建成小康社会伟大征程中奋力推动产业科学发展 维护职工合法权益》为题作工作报告。2013 年 7 月，中国财贸轻纺烟草工会三届三次全委会议在北京召开。全国总工会副主席、书记处书记、党组成员陈荣书出席会议并讲话，会议选举秦鲁隼为财贸轻纺烟草工会主席。部分单位在会议上作了经验介绍。2014 年 1 月，中国财贸轻纺烟草工会三届四次全委会议在山东济南召开。全国总工会副主席、书记处书记、党组成员李世明出席会议并讲话。财贸轻纺烟草工会主席秦鲁隼以《牢牢把握我国工人运动的时代主题在全面深化改革实现稳中求进中充分发挥产业工会作用》为题作工作报告。会议履行民主程序，替补、增补 29 名全委会委员。2014 年 12 月，中国财贸轻纺烟草工会三届五次全委会议在天津召开。全国总工会副主席、书记处书记、党组成员李世明出席会议并讲话。财贸轻纺烟草工会主席秦鲁隼在会议上以《围绕大局 发扬特色 开创新常态下财贸轻纺烟草行业工会工作新局面》为题作工作报告。会议履行民主程序，选举7位同志为全国委员会常委，增补、替补22位同志为全委会委员。2016年1月，中国财贸轻纺烟草工会三届六次全委会议在北京召开。全国总工会副主席、书记处书记、党组成员阎京华出席会议并讲话。财贸轻纺烟草工会主席王新卫以《坚持中国特色社会主义工会发展道路 以改革为动力推动财贸轻纺烟草工会工作创新发展》为题作工作报告。会议履行民主程序，选举王新卫为财贸轻纺烟草工会第三届全国委员会主席，王新强、邓建军为兼职副主席，增选5名劳模为常务委员会委员。

（二）第四届历次全委会议基本情况

中国财贸轻纺烟草工会第四届全委会自2017年至2021年共召开了五次全委会议。

2017年2月，中国财贸轻纺烟草工会四届一次全委会议在北京召开。全国总工会党组书记、副主席、书记处第一书记李玉赋看望参会人员并发表讲话，全国总工会副主席、书记处书记、党组成员江广平出席会议并讲话，财贸轻纺烟草工会主席王新卫代表中国财贸轻纺烟草工会第三届全国委员会常务委员会以《凝心聚力 改革创新 不断开创财贸轻纺烟草工会工作新局面》为题作工作报告。会议履行民主程序，选举产生中国财贸轻纺烟草工会第四届全国委员会领导机构，王倩为主席，杨冬旭、王双清为副主席，邓建军、周国华为兼职副主席，36名同志为常务委员会委员。

2018年1月，中国财贸轻纺烟草工会四届二次全委会议在北京召开。全国总工会副主席、书记处书记、党组成员江广平出席会议并讲话，财贸轻纺烟草工会主席王倩以《以党的十九大精神为统领 奋力推进新时代财贸轻纺烟草工会工作创新发展》为题作工作报告。会议履行民主程序，替补、增补36名同志为全委会委员。

2019年1月，中国财贸轻纺烟草工会四届三次全委会议在北京召开。全国总工会副主席、书记处书记、党组成员江广平出席会议并讲话。财贸轻纺烟草工会主席王倩以《坚定政治方向，落实全总部署 以不懈奋斗书写新时代华章》为题作工作报告。会议履行民主程序，选举15名同志为常务委员会委员，增补、替补30名同志为全委会委员。

2020年1月，中国财贸轻纺烟草工会四届四次全委会议在福建厦门召开。全国总工会副主席、书记处书记、党组成员江广平出席会议并讲话，财贸轻纺烟草工会分党组书记、主席王倩以《不忘初心担使命 砥砺奋进展作为 团结动员广大职工为全面建成小康社会努力奋斗》为题作工作报告。

2021年4月，中国财贸轻纺烟草工会四届五次全委会议在浙江杭州召开。全国总工会副主席、书记处书记、党组成员江广平出席会议并讲话，财贸轻纺烟草工会分党组书记、主席王倩以《立足新阶段 贯彻新理念 融入新格局 推进财贸轻纺烟草工会工作新发展》为题作工作报告。会议履行民主程序，选举郭振友、彭艺为中国财贸轻纺烟草工会副主席，9名同志为常务委员会委员，替补54名同志为全委会委员。

（三）第五届一次至三次全委会议基本情况

中国财贸轻纺烟草工会第五届全委会自2022年至2024年共召开了三次全委会议。

2022年9月，中国财贸轻纺烟草工会五届一次全委会议在河南郑州召开。全国总工会党组书记、副主席、书记处第一书记陈刚作视频讲话，全国总工会副主席、书记处书记、党组成员江广平出席开幕式和闭幕式，并在闭幕式上发表讲话。财贸轻纺烟草工会主席王倩代表中国财贸轻纺烟草工会第四届全国委员会常务委员会以《立足新起点 推动新发展 团结引领全国财贸轻纺烟草系统广大职工奋进新征程建功新时代》为题作工作报告。会议履行民主程序，选举产生新一届财贸轻纺烟草工会领导机构，王倩为主席，彭艺、王宏伟为副主席，邓建军、缪晓虹为兼职副主席，46 名同志为常务委员会委员。财贸轻纺烟草工会全国委员会 120 多名委员出席了会议。

2023 年 9 月，中国财贸轻纺烟草工会五届二次全委会议在北京召开。全国总工会书记处书记、党组成员邹震出席会议并讲话。会议履行民主程序，选举刘小昶为财贸轻纺烟草工会主席，选举 11 名同志为常务委员会委员，并增补、替补了部分委员。

2024 年 2 月，中国财贸轻纺烟草工会五届三次全委会议在吉林长春召开。全国总工会书记处书记、党组成员邹震出席会议并讲话，财贸轻纺烟草工会主席刘小昶以《勇担职责使命 凝聚奋进力量 深入推进财贸轻纺烟草工会工作创新发展》为题作工作报告。会议履行民主程序，选举 5 名同志为常务委员会委员，增补、替补 19 名同志为全国委员会委员。

二、加强产业政策参与和工作协同

（一）开展调查研究

财贸轻纺烟草工会落实党和政府各项要求，调查研究和反映产业改革发展重大问题和职工特殊利益问题，参与涉及产业职工切身利益的法律法规和政策制定。2012 年，财贸轻纺烟草工会形成了反映棉纺织行业生产经营及职工生产生活情况、财贸轻纺行业非公企业职工精神文化生活状况、商业服务业中小企业发展及职工权益实现状况、部分导游员社会保险问题、服装行业中小微企业生产经营状况、财贸轻纺烟草行业劳动竞赛活动情况、商业零售企业及家乐福用工情况、眼镜产业集群发展及职工劳动经济权益状况等8个重点调研报告，并提出对策建议。

2014年，习近平总书记就加强基层工会建设作出重要批示。为落实这一批示精神，全国总工会作出重要工作部署。财贸轻纺烟草工会参与了全国总工会加强基层工会建设和产业工会工作专题调研，了解制约产业工会和基层工会作用发挥的突出问题，开展世界500强及区域性商业连锁企业工会作用发挥情况、传统零售业转型发展及职工权益实现情况、农家乐工资集体协商情况、餐饮业农民工权益维护情况、纺织行业劳动技能竞赛情况、纺织行业节能减排情况、纺织产业集群工会工作和山东、江苏、宁夏纺织职工当前生产生活及思想状况等一系列专题调研，推荐江苏海门市和淮安市推进行业工会建设、上海奉贤区建立纺织集群行业性区域性工会联合会、浙江柯桥区漓渚镇印染行业工资集体协商的经验，确定江苏省邳州市总工会、陕西旅游集团工会为基层联系点，进一步密切了与基层工会的联系。通过这些工作，全面了解了基层工会存在的问题与有益经验，为完善产业政策、改进基层工会组织建设奠定了良好基础。

党的十八大以来，各地区各部门贯彻落实党中央、国务院关于推进新型城镇化建设和城市可持续发展的一系列重大决策部署，我国城镇化建设取得重大进展，城镇化率逐步提高。2016年末，我国常住人口城镇化率已经达到57.4%，比2012年末提高4.8个百分点。随着城镇化建设的快速推进，空调普及率不断提高，空调安装维修行业的发展呈上升趋势，空调安装维修工队伍也在逐年壮大。为了解掌握空调安装维修工队伍的整体情况，切实维护职工合法权益，2017年，财贸轻纺烟草工会与中国家用电器服务维修协会联合进行了专题调研，在27个省（区、市）开展问卷调查，并走访部分家电维修企业。调研显示，空调安装维修工在劳动权益实现方面还存在用工形式灵活、季节性明显、职工权益差别大，工作时间长、劳动强度大、安全风险高，福利待遇不满意、行业吸引力不足、用工荒时有发生，工会组建率低、工会作用发挥弱、职工入会意愿低等问题。针对以上问题，提出了进一步加强行业管理、规范企业用工、推动修订与空调安装维修相关的技术规范、加强空调安装维修企业的认证工作、推动工会组织建设等意见建议。此外，财贸轻纺烟草工会积极参与全国总工会关于"一带一路"建设推进过程中我国境外企业工会组织和职工权益保障、生育政策调整后如何帮助青年职工解决生育后顾之忧专题调研。各地针对行业经济形势、劳动关系和职工队伍状况、产业集群、工会联合会等重点问题，在清洁清洗、美发美容、足浴按摩、家庭服务、导游、钟表制造等行业开展调查研究，形成了多个调研报告。

随着国内外政治、经济形势变化，中美贸易摩擦、"机器换人"、网络发展等因素带来的潜在影响持续呈现出来。在全国总工会党组的领导下，财贸轻纺烟草工会采取举措，主动应对风险与挑战。这些影响主要包括以下方面：一是中美贸易摩擦带来的影响。随着中美经济实力对比变化，2018年3月，美国正式公布"301调查"结果，并很快出台加征关税的举措，中美贸易摩擦加剧，其影响的广度与深度不断扩大。这对轻工、纺织等出口行业产生重要影响。在这一背景下，财贸轻纺烟草工会及时收集信息了解有关情况，起草专题报告《关于中美经贸摩擦对我国轻工行业发展及职工就业影响的报告》，反映中美经贸摩擦不断升级对轻工行业的不利影响及轻工行业发展和职工就业面临的严峻挑战。二是"机器换人"带来的影响。2018年，财贸轻纺烟草工会关注到纺织行业劳动力成本日益升高、长期结构性缺工、纺织品质量不稳定等因素倒逼行业“机器换人”，深入江苏、福建、河南、天津、上海、山东等纺织行业发展重点区域，对纺纱、化纤、织造、服装等代表性企业开展专题调研，了解纺织行业“机器换人”现状及对行业职工就业的影响。三是网络发展带来的影响。2015 年，财贸轻纺烟草工会重点关注农民工集中的非公快递、电子行业工会组织建设和职工权益保障工作，并开展各项调研工作。2018 年，为进一步了解商贸流通领域新业态发展情况，财贸轻纺烟草工会赴浙江、北京，深入走访中粮集团、京东集团等开展网络零售行业发展及劳动关系状况调研，了解近年来网络零售行业发展现状和行业职工队伍以及劳动关系基本状况，形成调研报告。同年，财贸轻纺烟草工会还关注到共享单车对自行车行业发展和职工就业等劳动经济权益产生的影响，深入天津、江苏、上海等省市的自行车企业进行实地调研，了解传统制造业在互联网和新经济模式下如何寻求转型发展之路。2022 年，财贸轻纺烟草工会开展互联网营销师及直播营销从业人员状况调查，赴京东、南京新百等企业调研新就业形态劳动者入会工作情况，积极推动商场导购员、家政服务员、互联网营销师等行业工会的组建。

（二）落实联席会议制度

为了进一步增进合作，推进落实工作部署，畅通信息渠道，形成工作合力，中国财贸轻纺烟草工会积极推进联席会议制度建设，分别与中国商业联合会、中国轻工业联合会、中国纺织工业联合会、国家烟草专卖局等召开联席会议，就工作情况、工作重点等进行交流，明确了合作机制与工作内容，提高了工作效率，推进工会工作顺利开展。

2013 年以来，财贸轻纺烟草工会坚持每年与中国商业联合会召开联席会议，全国总工会领导、财贸轻纺烟草工会主席、中国商业联合会会长等领导出席会议。会议通报双方年度合作开展工作情况，通报全国商业服务业经济运行情况、商业热点展望、行业主要工作情况等，研究新一年度拟合作开展的事项，先后确定在商业服务业创先争优优质服务、职工职业技能竞赛、和谐劳动关系创建、劳模服务品牌创建、涉及行业发展和职工权益突出问题调查研究、商业服务业“灵活用工”人员入会服务工作、商业服务业工会干部培训、商业领域职工学历能力提升行动等方面重点加强合作。

2013年以来，财贸轻纺烟草工会坚持每年与中国轻工业联合会召开联席会议，全国总工会领导、财贸轻纺烟草工会主席、中国轻工业联合会会长等领导出席会议。会议通报双方年度合作开展工作情况，通报轻工行业经济发展情况等，研究新一年度拟合作开展的事项，先后确定联合开展职业技能竞赛、轻工行业职工就业状况的调研、轻工大国工匠学习宣传活动、轻工行业工会组建专项行动、部分工种职业技能标准制定、互联网+轻工行业“会联会”服务平台建设等工作。

2013年以来，财贸轻纺烟草工会坚持每年与中国纺织工业联合会召开联席会议，全国总工会领导、财贸轻纺烟草工会主席、中国纺织工业联合会会长等领导出席会议。会议通报双方年度合作开展工作情况，通报全国纺织行业经济运行情况等，研究新一年度拟合作开展的事项，先后确定在调查研究、职业技能竞赛、先进班组的评选和经验推广、纺织大工匠事迹宣讲和绝活展示、节能减排达标竞赛、纺织企业社会责任管理体系推广、“QC小组”评选推广、创建劳动关系和谐企业活动等方面重点加强合作。

2013年以来，财贸轻纺烟草工会坚持每年与国家烟草专卖局召开联席会议，全国总工会领导、财贸轻纺烟草工会主席、国家烟草专卖局局长、中国烟草总公司总经理等领导出席会议。会议通报双方年度合作开展工作情况、烟草行业生产经营情况、工会工作开展情况等，研究新一年度拟合作开展的事项，先后确定在联合开展职工职业技能竞赛、企业班组建设调研、探索建立行业劳模数据库、建立烟草行业劳模创新工作室联盟等方面重点加强合作。

三、强化职工思想政治引领

（一）职工思想政治工作

职工思想政治工作是工会的重要工作内容之一。中国财贸轻纺烟草工会认真贯彻落实党中央和全国总工会工作要求，紧密结合产业特点，注重发挥产业工会优势，以科学理论指导产业工会工作，全方位推进职工思想政治工作，主要表现在两个方面。

坚持以党的创新理论凝心铸魂。财贸轻纺烟草工会以习近平新时代中国特色社会主义思想为指引，深入贯彻习近平总书记关于工人阶级和工会工作的重要论述，扎实开展党的群众路线教育实践活动，“三严三实”专题教育，“两学一做”学习教育，“不忘初心、牢记使命”主题教育，党史学习教育，学习贯彻习近平新时代中国特色社会主义思想主题教育以及党纪学习教育，用科学理论武装头脑、指导实践、推动工作，深刻领悟“两个确立”的决定性意义，增强“四个意识”、坚定“四个自信”、做到“两个维护”，自觉在思想上政治上行动上同以习近平同志为核心的党中央保持高度一致，牢牢把握产业工会的正确方向，提高坚定不移走中国特色社会主义工会发展道路的自觉性。

推进思想政治引领工作创新发展。根据不同时期工作重点，财贸轻纺烟草工会以党的十八大、党的十九大、党的二十大、改革开放 40 周年、建党百年、四史教育、新中国成立 75 周年等重大历史节点为契机，以深入推进产业工人队伍建设改革为着力点，广泛开展"中国梦·劳动美"主题宣传教育，引导职工群众听党话、跟党走，筑牢推进强国建设民族复兴的思想基础。

（二）弘扬劳模精神、劳动精神、工匠精神

劳模工匠作为广大劳动群众中的楷模和榜样人物，不仅是劳模精神、劳动精神、工匠精神的创造者、示范者和践行者，更是劳模精神、劳动精神、工匠精神的引领者、先行者和开拓者。新时代以来，财贸轻纺烟草行业广大职工围绕党的中心任务奋力拼搏、开拓进取，在取得巨大发展成就的进程中，相继涌现了一大批先进人物。这一时期，中国财贸轻纺烟草工会对先进人物的评选更加系统与全面，持续开展行业先进表彰、宣传与学习活动，加大劳模先进事迹宣传力度，进一步激发广大干部职工干事创业的热情。

2013 年 6 月，由财贸轻纺烟草工会、中国商业联合会联合主办的全国商业服务业先进企业和先进个人表彰大会在江苏昆山召开。会议揭晓了全国商业服务业十佳企业、全国商业服务业十佳经营者、全国商业服务业十佳营业员（服务员）名单。2014 年，在全国财贸轻纺烟草行业推荐命名了 67 个劳模创新工作室和 50 名技术（服务）标兵，发挥了行业领军人物和先进集体的引领带动作用，进一步营造了劳动光荣、知识崇高、人才宝贵、创造伟大的良好社会氛围。

为了进一步弘扬劳模精神、劳动精神、工匠精神，培养适应纺织工业、轻工行业创新发展的高素质人才队伍，中国纺织大工匠、轻工大国工匠以及劳模创新工作室等活动陆续开展。

中国纺织大工匠推荐学习活动始于 2017 年。中国纺织业的制造能力和贸易规模均居世界首位，在国家经济中占有重要地位，在纺织业评选工匠对于激励广大职工工作热情具有重要意义。2017 年，财贸轻纺烟草工会与中国纺织工业联合会联合选树命名

中国纺织大工匠。在这一年，财贸轻纺烟草工会还开展了劳模创新工作室活动，推动常州黑牡丹（集团）股份有限公司邓建军劳模创新工作室与石家庄常山纺织集团有限责任公司杨普劳模创新工作室、葛文军劳模创新工作室开展跨企业、跨区域技术交流合作和对标学习；与中国商业联合会共同在商业服务业开展“名师带高徒”活动，选树了一批在传帮带方面事迹突出的商业服务业名师；李家琦劳模创新工作室被评为全国示范性劳模和工匠人才创新工作室；邓建军、曹湛卢和冯忠耀三个劳模创新工作室项目获得职工创新补助资金。

2018 年 10 月，由中国纺织工业联合会、中国财贸轻纺烟草工会主办，中国纺织职工思想政治工作研究会和吉林化纤集团有限公司承办第二批中国纺织大工匠命名大会，20 位纺织职工荣膺第二批中国纺织大工匠称号。2020 年，财贸轻纺烟草工会和中国纺织工业联合会启动第三批中国纺织大工匠推荐学习活动，19 位优秀纺织职工被命名为中国纺织大工匠。2021 年 10 月，全国纺织行业第三批中国纺织大工匠命名暨先进事迹推介大会在潍坊市山东科技职业学院召开，同期还召开了全国纺织行业创新型班组建设经验交流会，举办了全国纺织劳动模范、中国纺织大工匠先进事迹报告宣讲活动。这一年，财贸轻纺烟草工会推荐系统基层工会新建职工书屋，联合中国工人出版社为职工书屋、阅读站点、劳模书架增添书籍，向行业内劳模工匠赠阅《人民日报》等，打牢广大职工团结奋斗的思想基础；积极推进商业、轻工、烟草、纺织等行业劳模工匠（职工）创新工作室创建；联合有关部门出台烟草行业《劳模和工匠人才创新工作室管理办法》、轻工行业《轻工大国工匠创新工作室联盟管理办法》，推动跨行业、跨区域劳模工匠人才深化交流合作；开展轻工和烟草行业职工创新成果评选活动，开展“聚合力 促发展”烟草行业优秀职工代表提案征集推荐活动，激发广大职工创新创造活力。2022 年，由中国纺织工业联合会、财贸轻纺烟草工会联合开展第四批中国纺织大工匠推荐活动。2023 年 6 月，30 位优秀纺织职工被命名为中国纺织大工匠。

轻工大国工匠的评选活动同样始于 2017 年。轻工业是推动国民经济发展和服务人民美好生活的重要产业，在我国工业中地位突出，选树轻工大国工匠对于行业发展、职工成长等具有积极作用。2017 年，财贸轻纺烟草工会与中国轻工业联合会共同启动首届轻工大国工匠推荐学习活动，命名了 42 名轻工大国工匠，这些工匠是轻工行业广大职工的杰出代表，为轻工行业的高质量发展作出了卓越贡献。2019 年 3 月，在中国轻工业联合会四届五次理事会、中华全国手工业合作总社七届九次理事会上，财贸轻纺烟草工会、中国轻工业联合会等领导共同为首届轻工大国工匠颁发了证书，并在会上为两家单位联合编印的《轻工大国工匠》一书举行了首发式。同期，财贸轻纺烟草工会录制了 20 位轻工大国工匠宣传视频，在工会主流媒体等广泛推送。2020 年，财贸轻纺烟草工会与中国轻工业联合会联合开展第二届轻工大国工匠推荐学习活动，推选出 60 位轻工大国工匠。2024 年，财贸轻纺烟草工会与中国轻工业联合会联合开展第三届轻工大国工匠推荐学习活动。

为进一步选树行业标杆，扩大榜样的选树范围，“最美家政人”“最美职工”“最美纺织工”“最美商业职工”“最美外卖配送员”等推选活动陆续展开。2020 年，财贸轻纺烟草工会与全国总工会权益保障部、女职工部联合开展“最美家政人”推树活动，16 名优秀家政服务员获评“最美家政人”。2021 年，财贸轻纺烟草工会继续与全国总工会权益保障部、女职工部联合开展“最美家政人”推树活动，推选出 30 名“最美家政人”。2023 年，财贸轻纺烟草工会首次在商业、外卖配送行业、纺织行业开展寻找“最美职工”活动，全年在 4 个行业选树 190 名行业“最美职工”，选树30名中国纺织大工匠。3月，庆祝郝建秀小组建组70周年大会召开，会上同步启动了与中国纺织工业联合会、全国总工会女职工部共同开展的“最美纺织工”推树活动，12月，在湖北武汉发布推树结果，王艺霈等20位同志推树为“最美纺织工”。11月，财贸轻纺烟草工会联合中国商业联合会共同发布了寻找“最美商业职工”活动结果，王府井集团股份有限公司百货大楼顾客服务部主管周微等60人获得“最美商业职工”称号。寻找“最美商业职工”活动注重从商贸流通和生活服务业、一线职工中推荐先进典型，覆盖零售、餐饮、住宿、家政、美容美发、沐浴、洗染、家电维修、清洁、婚庆等行业，展现了新时代商业服务业职工的风采。12月，首届“最美外卖配送员”发布仪式在京举行，来自美团、饿了么等平台企业的10位外卖配送员获得首届“最美外卖配送员”荣誉。

在选树榜样的同时，财贸轻纺烟草工会通过组织或参与劳模服务品牌演示交流、先进事迹报告会、大型主题宣传等活动形式宣传三个精神。2014年，举办“中国梦·劳动美”全国商业劳模服务品牌走进天津演示交流活动。2015年，举办“中国梦·劳动美”全国商业劳模服务品牌走进安徽演示交流活动。同年2月，中国轻工业联合会、中国财贸轻纺烟草工会、中国酒业协会联合下发《关于开展向赵迎路同志先进典型学习的通知》。同年6月，赵迎路同志先进事迹报告会在北京举行。2016年7月，财贸轻纺烟草工会与国家烟草专卖局联合开展烟草行业“中国梦·劳动美”劳动模范优秀共产党员先进事迹巡回报告活动，5名全国劳动模范和省部级劳动模范以及3名烟草行业优秀共产党员事迹讲述人先后在北京、宁夏、陕西、吉林、浙江、广西等省（区、市）进行了6场报告会。2018年，财贸轻纺烟草工会参与“中国梦·大国工匠篇”大型主题宣传活动，组织16家中央重点新闻网站及《工人日报》等媒体记者19人，深入北京、山西、江苏、浙江等地生产一线，开展2018年第三批“中国梦·大国工匠篇”大型主题宣传活动，对财贸轻纺烟草产业的20位工匠及其团队进行采访报道，在网络空间大力弘扬劳模精神、劳动精神和工匠精神。同年8月10日，财贸轻纺烟草工会与中国纺织工业联合会、中国纺织职工思想政治工作研究会、黑牡丹（集团）股份有限公司共同举办全国纺织行业“学邓建军科研组·建创新型班组”暨邓建军科研组建组30周年纪念活动。活动中，全国纺织优秀班组联盟宣告成立，“全国纺织创新型班组学习基地”揭牌。同年10月13日，财贸轻纺烟草工会在举办“中国梦·劳动美”全国商业劳模服务品牌走进山东德州演示交流活动的同时举办“弘扬工匠精神、打造优质服务”主题论坛。2019年4月，财贸轻纺烟草工会、中国纺织职工思想政治工作研究会以“情系红色苏区，助力服装产业”为主题，在江西赣州举办了“全国纺织劳模先进人物走进于都事迹报告会暨现场技术交流”和财贸轻纺烟草工会“送教到基层”活动。同年9月，财贸轻纺烟草工会与中国纺织工业联合会共同指导中国纺织职工思想政治工作研究会在武汉裕大华纺织服装集团举办全国纺织劳模工匠先进事迹宣讲报告会。10月，财贸轻纺烟草工会举办“中国梦·劳动美”全国清洁服务业劳模工匠技能交流活动，并同时举办“弘扬工匠精神 打造优质服务”劳模论坛。通过一系列多样化的手段与方式，劳模精神、劳动精神、工匠精神宣传的广度与深度得到增强，影响力与传播力得到进一步拓展。

随着直播形式的发展，财贸轻纺烟草工会创新宣传方式，发挥线上平台优势，与相关部门联合举办工匠直播月活动。2020年12月，财贸轻纺烟草工会与中国工人出版社、全国产业工人学习社区联合举办“匠心创造美好生活”工匠直播月活动，10位具有代表性的行业工匠通过职工喜闻乐见的网络直播形式介绍行业发展、传授技能技法、讲述成长故事，展现了行业工匠精益求精、追求卓越的敬业精神和昂扬向上、锐意进取的时代风采。在系统内各级工会的积极组织下，线上观看量近30万人次，在行业内掀起了比学赶帮超的学习热潮。

2021年5月，财贸轻纺烟草工会、国家烟草专卖局在北京联合主办“金叶先锋·担当奉献”烟草行业庆祝建党100周年主题宣讲活动首场报告会。6位宣讲团成员从各自的工作出发，讲述烟草行业在党中央坚强领导下书写的践行初心使命、勇于担当奉献的壮美烟草故事。2022年8月，财贸轻纺烟草工会在2022年中国服装制版师大联盟年会上开展了“中国梦·劳动美——匠心筑梦”全国服装行业劳模工匠事迹宣讲活动，3位劳模工匠分享了自己的成长和工作经历以及对弘扬传承劳模精神、劳动精神、工匠精神的理解感悟。

为发扬郝建秀小组的榜样力量，赓续传承拼搏创新、无私奉献的“火车头精神”，庆祝郝建秀小组建组70周年大会于2023年3月20日召开。第十届全国政协副主席郝建秀发来贺信。3位新时代纺织行业先模代表，郝建秀小组第十任组长许琳、赵梦桃小组代表王艳梅、邓建军科研组组长姜永强，围绕“弘扬‘火车头精神’、做新时代最美奋斗者”作主题发言。大会进一步展现了当代中国纺织人务实创新、奋发图强的时代风貌，激励广大职工立足岗位，积极投身国家社会发展的浪潮中。

在推进三个精神进企业，全社会大力营造“劳动光荣、创造伟大”氛围的同时，财贸轻纺烟草工会发挥“劳模工匠进校园”品牌效应，组织实施劳模工匠走进校园开展宣讲、交流等活动，帮助广大师生了解三个精神，激发学生奋发向上的学习动力，增进广大教师的工作积极性。2019年10月至11月，财贸轻纺烟草工会与中国轻工业联合会共同组织开展了3场以“弘扬工匠精神，提升职业素养”为主题的轻工大国工匠进校园活动。活动邀请了刺绣、内画、家具、陶瓷、雕刻、制鞋、木雕等行业的8位工匠分三批走进云南轻纺职业学院、江西陶瓷工艺美术职业技术学院和无锡工艺职业技术学院与师生面对面交流互动。2023 年 6 月，财贸轻纺烟草工会、全国总工会宣传教育部、中国饭店协会、浙江省总工会联合主办“中国梦·劳动美——凝心铸魂跟党走 团结奋斗新征程”2023 年劳模工匠进校园活动，邀请餐饮、汽车、电力等行业领域的劳模工匠走进嘉兴职业技术学院、浙江旅游职业学院，和学校师生面对面分享交流成长经历和心得体会，并现场展示技能绝活。活动中，5 位劳模工匠讲述了各自匠心筑梦、技能报国的奋斗经历，800 余名师生在现场参与了此次活动。2024 年，财贸轻纺烟草工会先后联合有关行业协会，开展以“弘扬三个精神 凝聚奋进力量”为主题的财贸轻纺烟草系统“劳模工匠进校园”活动 12 场次。

这一时期，党和国家高度重视劳模工匠队伍的培育与发展。不断促进劳模工匠的素质提升、持续加强对劳模工匠的培训也成为财贸轻纺烟草工会的一项重要使命。2018 年 12 月，财贸轻纺烟草工会与中国轻工业联合会在广西壮族自治区工会干部学校共同举办全国轻工行业劳动模范、大国工匠培训班。培训班以深入学习贯彻习近平新时代中国特色社会主义思想、党的十九大精神和中国工会十七大精神以及全面提升劳模工匠素质为主题，设置了习近平新时代中国特色社会主义思想，新时期产业工人队伍建设改革，习近平生态文明思想与环保新政解读，智能制造、工厂智能化建设与数字化系统，高效团队建设与执行力打造，传统技艺与当代设计，民族文化与历史等课程。来自全国各地的陶瓷、酿酒、皮革、造纸、日化、玻璃、塑料、文房四宝等行业的 20 多位首届轻工大国工匠和 40 多位劳动模范、五一劳动奖章获得者参加了培训。2021 年 7 月，财贸轻纺烟草工会与中国轻工业联合会、全国总工会组织部在中国劳动关系学院举办全国轻工大国工匠培训班。来自全国各地的钟表、家用电器、陶瓷、日化、香料、乐器、文体用品、制笔、文房四宝、皮革、酿酒、饮料、焙烤、家具、雕塑、织绣、新材料等行业的56位轻工大国工匠参加培训。培训班以深入学习贯彻习近平新时代中国特色社会主义思想、习近平总书记关于工人阶级和工会工作的重要论述特别是在庆祝中国共产党成立100周年大会上的重要讲话精神为重点，围绕弘扬劳模精神、劳动精神、工匠精神交流工作经验和匠心匠艺，赴北京工艺美术博物馆开展现场教学。通过培训，劳模工匠开阔了视野，了解了时代发展趋势，强化了技术交流与学习，理论素质与专业素养得到了有效提升。

四、提升职工队伍素质

（一）深入开展劳动和技能竞赛

新时代以来，财贸轻纺烟草工会围绕社会经济发展需求，结合行业特点，与政府部门和行业协会等开展协同与合作，持续推进行业劳动和技能竞赛。

这一时期，通过细致有效的工作，劳动和技能竞赛的覆盖面逐步扩大，形成了竞赛活动全方位、多层次、广覆盖的格局。2012年，财贸轻纺烟草工会开展商业服务业收银员、店长、足部按摩师、中式烹饪、餐厅服务、茶艺师，轻工行业眼镜验光和配镜，焙烤业中西式糕点、面包制作，烟草行业烟叶分级、烟机设备维修，纺织行业横机工等8个行业14个工种的职业技能竞赛，同时开展皮革行业节能减排环保创新奖评选、造纸和印染行业节能减排达标竞赛、饭店业绿色节能班组命名、纺织行业QC小组等活动。2013年，财贸轻纺烟草工会分别与政府有关部门和行业协会联合举办了焙烤、粮油保管和质检、烟草卷烟商品营销、皮革加工、家电维修服务、葡萄酒品酒、保健按摩、中西式烹调、中西式面点、餐厅服务、纺织行业经编工等各类职业技能竞赛，涵盖 10 个行业 19 个工种；开展了造纸、印染行业节能减排达标竞赛和成果推广活动；开展了纺织行业优秀质量管理小组评比表彰活动。2014 年，中国财贸轻纺烟草工会与相关行业协会和部门联合开展了全国商业服务业收银员职业技能竞赛、全国商业服务业优秀店长大赛、全国足部按摩师职业技能竞赛、全国烹饪技能竞赛、全国饭店业职业技能竞赛、全国焙烤职业技能竞赛、全国制鞋工职业技能竞赛、全国验光与配镜职业技能竞赛、全国烟草行业职业技能竞赛暨烟草专卖管理岗位技能竞赛和全国纺织行业穿经工、纬编工、染化料配制工职业技能竞赛等 10 项职业技能竞赛。竞赛领域规模不断扩大、方式内容不断丰富、竞赛规程更加规范，有力地促进了行业技术交流和技术创新，加快了高技能人才的培养进程，推动了职工队伍技术技能水平和整体素质的提升。

自 2015 年开始，职业技能竞赛内容与领域进一步拓展，参赛工种数量进一步增加，多个领域与职业比赛实现“零”的突破。2015 年，财贸轻纺烟草工会与相关行业协会和部门联合开展清洁清洗、沐浴、家电维修、旅游饭店、陶瓷、皮革、白酒、烟草、针织等 9 个行业 21 个工种的职业技能竞赛，覆盖全国 31 个省（区、市），吸引百万名职工参与，其中清洁清洗行业石材护理工和保洁员，陶瓷行业滚压成型工、拉胚工、雕塑工和皮革行业的箱包设计职业技能竞赛都是首次进行，除了来自企业的参赛选手，还有来自独立工作室、专业院校的选手参赛。2016 年，财贸轻纺烟草工会将促进供给侧结构性改革、推动行业创新发展作为行业职业技能竞赛的主攻方向，与政府相关部门和行业协会联合开展沐浴、清洁清洗、商业、粮食、饭店、焙烤、皮革、葡萄酒、烟草、陶瓷、纺织等 13 个行业 24 个工种的职业技能竞赛。2017 年，财贸轻纺烟草工会与相关行业协会和部门联合开展了 14 项职业技能竞赛，涵盖商业、保健按摩、家电服务、导游、焙烤、烟草、制鞋、啤酒、纺织等领域的 26 个工种。

2018 年以来，财贸轻纺烟草工会围绕“当好主人翁、建功新时代”“建功‘十四五’、奋进新征程”等主题，推进产业工会劳动和技能竞赛工作上新台阶。2019 年，财贸轻纺烟草工会与有关单位联合在粮食、烹饪、导游、家电维修、焙烤、陶瓷、调香与化妆品配方、黄酒品酒、珠宝玉石、皮革加工、家具雕刻、验光与配镜、机械手表维修、烟草、纺织等 20 个行业的 34 个工种开展了职业技能竞赛。

2020 年，财贸轻纺烟草工会与有关单位联合举办了 17 项国家二类职业技能竞赛，共涉及 35 个工种。与全国总工会权益保障部、女职工部联合首次举办全国家政服务业职业技能竞赛。2021 年，开展 24 项职业技能竞赛，涵盖清洁清洗、商业服务、餐饮、陶瓷、珠宝、皮具、烟草、纺织等领域的 45 个工种，不断拓宽竞赛的覆盖面。2022 年，财贸轻纺烟草工会与中国纺织工业联合会联合开展绿色发展劳动竞赛，成为纺织行业首个全国引领性劳动和技能竞赛，共有 132 家企业参加。与有关部门联合举办完成了 8 项职业技能竞赛，涵盖商业服务、连锁经营、美发美容、饭店、焙烤、陶瓷、纺织等领域的 22 个工种，另有 18 项竞赛活动启动。同时，为提高行业劳动竞赛活动的针对性和实效性，提高产业工会在行业劳动竞赛活动的影响力，推荐全国家政服务业职业技能竞赛为职工职业技能竞赛品牌。2023 年，财贸轻纺烟草工会开展首届全国家政服务业职业技能竞赛、首届全国拉面技能大赛、首届全国装甑摘酒职业技能竞赛。2024 年，开展首届全国“形象设计师”职业技能竞赛。

在不断丰富竞赛内容的同时，财贸轻纺烟草工会注重立足国家社会发展以及产业工作重点，开展相应的主题竞赛，同时从竞赛设置、比赛规范、竞赛内容等方面推进优化创新，使竞赛活动在促进行业发展中发挥更大作用。

2015年，财贸轻纺烟草工会在节能减排任务较重的造纸、皮革行业持续开展节能减排达标竞赛活动。同年5月，财贸轻纺烟草工会与中国造纸协会联合发文，开展“三比一降”（比创新、比技能、比管理，降低能耗和污染物排放）全国造纸行业节能减排达标竞赛活动，引导造纸企业向节能、环保、低碳的绿色纸业目标发展，动员职工增强主人翁意识，参与技术创新、管理创新，推动行业健康持续发展。2016年，财贸轻纺烟草工会将促进供给侧结构性改革、推动行业创新发展作为行业职业技能竞赛的主攻方向，竞赛领域向快速发展的沐浴、清洁清洗等新兴服务行业拓展，向非公企业、中小微企业、农民工集中的行业拓展。为适应电子商务的发展，商业服务业收银员职业技能竞赛加入了云闪付相关受理知识的测试。2017年，为顺应我国服装产业从传统产业向以文化创意为导向的创新型产业转变的要求，财贸轻纺烟草工会开展服装制版师职业技能竞赛，将促进行业创新发展作为竞赛的主攻方向。鞋类设计师职业技能竞赛引入条形码技术，竞赛全程屏蔽选手个人信息，同时通过网络摄像机进行现场监控，更加注重提升竞赛的科学性和公平性。焙烤、陶瓷职业技能竞赛设置了职业院校学生竞赛项目，制版师、家电服务业职业技能竞赛决赛均在职业学院举行，促进校企合作和职业培训教育健康发展。焙烤职业技能竞赛还邀请共建“一带一路”国家焙烤行业负责人参加开幕式并观摩选手现场竞技，竞赛盛况被新华社、中新社、中央电视台等主流媒体广泛宣传报道。2018年，财贸轻纺烟草工会在焙烤、陶瓷、轻工首饰等行业的职业技能竞赛中设置了学生组比赛，促进了校企结合，为行业的发展储备了人才。2019年，财贸轻纺烟草工会积极推动化妆品、钟表等行业的职业技能竞赛纳入国家二类职业技能竞赛范围。

2020年，在新冠疫情常态化防控背景下，财贸轻纺烟草工会积极创新竞赛宣传模式，对焙烤、自行车、珠宝等行业职业技能竞赛决赛进行网络直播。2021 年，财贸轻纺烟草工会积极适应碳达峰、碳中和目标导向要求，与相关行业协会共同制定以“科技引领绿色制造”为主题的纺织行业绿色发展劳动竞赛方案，并入选“十四五”全国引领性劳动和技能竞赛项目。

数字技术是提升制造业全要素生产率和推动制造业高质量发展的新引擎。财贸轻纺烟草工会适应数字技术发展趋势，与相关部门联合开展相应的竞赛活动。2021 年，纺织业成为工信部“5G+工业互联网”重点实践的试点行业。此后，财贸轻纺烟草工会与中国纺织工业联合会联合举办纺织行业数字化转型劳动竞赛，聚焦数字化转型发展实践、关键技术研发应用、数字化公共服务等内容广泛组织开展劳动竞赛。通过竞赛，发掘选树出 67 个与数字化平台、智能生产线、共享制造、按需智造、柔性生产相关的数字化转型成功实践和典型案例。2022 年 7 月，2022 全国连锁经营行业直播技能竞赛开幕，财贸轻纺烟草工会主席王倩在开幕式发表视频致辞。来自全国 32 家零售企业的 58 支代表队参加本次竞赛，涉及超市、便利店、百货、购物中心、专业店/专卖店等多个业态。直播品类覆盖食品饮料酒水、生鲜、美妆护肤、家居用品、家用电器、服装服饰、生活服务及综合类等 8 个赛项，总计在线观众 1414927 人、下单笔数 280805 笔，实现 41011410 元的销售业绩，场均观看人数 9691 人。

随着新就业形态劳动者群体的不断壮大，财贸轻纺烟草工会也着力开展面向这一群体的劳动和技能竞赛。2023 年 12 月，财贸轻纺烟草工会与上海市总工会共同主办首届全国外卖配送行业职业技能竞赛。经区域选拔，来自全国 6 家平台企业的 40 名外卖配送员参加比赛。作为面向外卖配送员举办的首次全国性职业技能竞赛，竞赛以《网约配送员国家职业技能标准（2021 年）》的有关知识和技能要求及网约配送行业新知识、新技术、新技能等内容对选手进行考核。实操考核模拟外卖配送全过程，包括接单前准备、订单接收、取餐验餐、配送服务、异常处理、客户服务等内容，重点考察外卖配送员专业基础知识、沟通协调能力、突发事件处置能力等，综合成绩排名前10的选手获得“最佳骑手奖”。2024年，财贸轻纺烟草工会与浙江省总工会联合主办第二届全国网约配送员职业技能竞赛。竞赛设置省级（企业）选拔赛和全国总决赛两个阶段，竞赛启动以来，累计带动全国网约配送员行业数千名职工参加岗位练兵。同年7月，全国总决赛在浙江嘉兴举办，决赛包含理论考试和实操考核两部分内容。其中，实操考核模拟外卖配送全过程，包括配送前准备、订单取送、驾驶技能、异常处理、管理培训等内容，全面考核网约配送员专业基础知识、沟通协调、突发事件处置等综合业务能力。

为激发一线班组的劳动热情和创造潜能，建设一支素质过硬、技能高超、善于管理的班组长队伍，带动更多职工学技术、练技能、提素质，为发展新质生产力、建设制造强国、推进中国式现代化提供技能支撑和人才保障。2024年，全国总工会联合吉林省政府举办以“培育卓越班组长，共筑制造强国梦”为主题的首届全国“红旗杯”班组长大赛。中国财贸轻纺烟草工会主办轻工赛道，来自2200家企业的3万余名班组长参加初赛，来自国家开发投资集团有限公司、泸州老窖股份有限公司、山东中烟工业有限责任公司、黑牡丹（集团）股份有限公司等26家企业的200名选手参加复赛，选取40名获优胜奖选手参加首届全国“红旗杯”班组长大赛决赛。最终，来自泸州老窖股份有限公司的马冲获得轻工赛道第1名。

劳动和技能竞赛为职工成长搭建了良好的发展平台，多个单位、班组、职工获得全国五一劳动奖状、全国五一劳动奖章、全国工人先锋号等荣誉。财贸轻纺烟草行业各级工会根据本地区实际情况，总结多年来开展劳动竞赛的经验，举办了“争先进立新功”“女职工巧手赛”“岗位技能大比拼”“提素质、晒点子、比创新”等多种形式的劳动竞赛以及先进操作法、品牌服务先进操作法推广巡回演讲演示等活动，调动广大职工学技术、比技能的热情，掀起了“学知识、比技能”“比学赶超”的新高潮，极大地激发了职工群众的劳动热情和创造活力，有力推动了行业职工职业技能水平的提高。

（二）推进经济技术创新活动

经济技术创新活动是工会组织职工群众开展的合理化建议、技术革新、技术协作、发明创造、劳动和技能竞赛等活动的统称，旨在促进企业技术创新、服务改进、提质降耗、节能减排和加强管理，提高经济效益和工作效率。

财贸轻纺烟草工会组织广大职工积极开展经济技术创新活动，激发了广大职工积极性，促进了经济增长，提高了生产力水平。2014 年，财贸轻纺烟草工会与有关行业协会联合开展第二届绿色饭店节能减排班组评审命名活动，全国造纸行业、印染行业节能减排优秀技术创新成果和职工优秀技术奖评选表彰活动，全国纺织行业创建郝建秀小组式先进班组活动以及全国纺织行业优秀质量管理小组评选等多项活动，并总结推广一批在国内领先、易于推广、效果明显的节能减排技术创新成果和先进典型。2015 年 4 月，中国财贸轻纺烟草工会和中国皮革协会共同主办的第四届全国皮革行业节能减排环保创新奖评审会在京召开，专家组对申报项目的技术特点、创新亮点、推广价值、经济和社会效益等给予评价，并提出完善意见。同年 8 月，双方联合下发表彰决定，“无溶剂后整饰及废水循环集成技术”项目获得节能减排优秀环保创新成果一等奖，“无盐不浸酸无铬鞣剂 TWT 及其清洁化制革技术”等 2 个项目获得节能减排优秀环保创新成果二等奖，“基于信息化生产智能流水线的研究与开发”等 3 个项目获得节能减排优秀环保创新成果三等奖。同年 10 月，财贸轻纺烟草工会在重庆召开轻工行业职工素质建设和技术创新工作推进会暨2015年部分城市轻工业工会工作研讨会，来自全国部分城市的轻工产业工会及轻工企业工会负责同志共40多人参加了会议。与会单位结合自身工作实际，交流了技术技能水平、职工技术创新等工作的制度机制建设以及服务职工特别是农民工职业技能培训等方面的经验和做法。

2018年12月，第三届国际创新创业博览会在北京国家会议中心举行，财贸轻纺烟草工会是主办单位之一。博览会上，财贸轻纺烟草工会开设单独展区，组织9家企业的13个创新项目参展。制表大师、全国劳动模范——天津海鸥表业集团有限公司技术中心机芯艺术创作室主任李家琦作为劳模工匠代表应邀参加大国工匠与国家创新发展论坛并作主旨发言。

（三）提升职工技能素质

自2003年以来，全国商业劳模服务品牌演示交流活动持续开展，师徒结对，对商业劳模服务品牌建设、提高职工素质、促进商业服务业健康发展起到了积极促进作用。进入新时代，这一活动在规模上、水平上、内容上不断提升，在展示商业劳模服务品牌风采的同时进一步激发了广大商业职工热爱劳动、崇尚劳动、立足岗位、多作贡献的工作热情。

2013年6月，财贸轻纺烟草工会联合中国百货商业协会、中国商业企业管理协会等7家单位主办“中国梦·劳动美”全国商业劳模服务品牌走进湖州活动。来自北京、天津、上海、辽宁、浙江等地的12位全国商业劳模服务品牌人物与湖州市商业12名优秀员工结对为师徒。2014年7月，财贸轻纺烟草工会联合中国百货商业协会、中国商业企业管理协会、中国商报社、天津市商务委、天津市总工会在天津一商友谊商厦举行“中国梦·劳动美”全国商业劳模服务品牌走进天津演示交流活动。来自全国各地的13名具有特殊技艺的全国商业劳模服务品牌人物参加了演示交流活动。活动期间，举行了全国商业劳模服务品牌人物与百名“首商之星”拜师结对签约仪式。2015年9月，财贸轻纺烟草工会与中国商业联合会、中国百货商业协会、中国商业企业管理协会、中国商报新闻出版总社、安徽省总工会、安徽省商务厅、安徽省徽商集团联合举办“中国梦·劳动美”全国商业劳模服务品牌走进安徽演示交流活动。12名来自各地的商业全国劳动模范与安徽商之都优秀职工拜师结对。

2016年10月下旬，财贸轻纺烟草工会与中国商业联合会、中国百货商业协会、中国商业企业管理协会、陕西省总工会、陕西省商业联合会共同举办“中国梦·劳动美”全国商业劳模服务品牌走进西部（陕西）演示交流活动。来自商业领域的13名具有特殊技艺的全国商业劳模服务品牌人物与西安、宝鸡两地的商业优秀职工拜师结对。2017年9月，财贸轻纺烟草工会与中国商业联合会、中国百货商业协会、中国商业企业管理协会等单位共同举办“中国梦·劳动美”全国商业劳模服务品牌走进吉林（长春）演示交流活动。参加活动的劳模与长春市商业企业优秀职工开展拜师结对活动。2018年10月，财贸轻纺烟草工会与中国商业联合会等单位共同举办“中国梦·劳动美”全国商业劳模服务品牌走进山东德州演示交流活动。来自全国9个省市的11名劳模服务品牌代表人物展示了服务技艺。活动中劳模服务品牌人物与山东德百集团优秀职工拜师结对。同月27日，财贸轻纺烟草工会还与中国饭店协会联合举办了首届“中国梦·劳动美”全国餐饮业劳模演示交流活动，来自山西、黑龙江、湖南、广东、陕西等地的中国烹饪大师、全国劳动模范或全国五一劳动奖章获得者现场展示和交流技艺。

2019年8月，财贸轻纺烟草工会与中国商业联合会等单位共同主办的“匠心服务·劳动筑梦”全国商业劳模走进内蒙古演示交流活动在内蒙古民族集团举行。来自全国各地的 8 名劳模服务品牌代表人物展示了服务绝活。活动中劳模服务品牌人物还与民族商场优秀职工拜师结对。同年 10 月 31 日，财贸轻纺烟草工会与中国商业企业管理协会在湖南长沙举办“中国梦 · 劳动美”全国清洁服务业劳模工匠技能交流活动。同年 11 月 2 日，财贸轻纺烟草工会与中国饭店协会在江西南昌联合举办“中国梦 · 劳动美”2019 年全国餐饮业劳模演示交流活动。来自北京、河北、辽宁、广东、湖南、江西等地的 12 名中国烹饪大师、全国劳动模范和全国五一劳动奖章获得者，进行了劳模精神宣讲和烹调技艺演示交流。这些活动进一步弘扬了“劳动光荣、技能宝贵、创造伟大”的时代风尚，展现了商业服务业、餐饮业劳模风采，交流了服务技艺技能。

为贯彻党中央决策部署，提升新疆纺织职工素质，推动新疆纺织服装行业健康发展，2016 年以来，财贸轻纺烟草工会多次赴新疆举办培训交流活动。

2016 年 9 月，财贸轻纺烟草工会在库尔勒市举办纺织服装行业技术能手赴新疆培训交流活动。中国财贸轻纺烟草工会兼职副主席、黑牡丹（集团）股份有限公司技术总监邓建军率纺织行业 4 位专家在库尔勒经济开发区为近 300 名当地纺织企业技术骨干进行集中授课，并深入企业生产现场指导职工操作，对企业生产管理、生产工艺、产品开发、职工培训等方面进行分析评价。2017 年 8 月，以“送技术提素质，送文化促和谐”为主题的培训交流活动在阿克苏地区举办。邓建军等人就劳模创新工作室建设、纺织企业职工职业技能提升、纺织企业工会工作、纺织劳模文化传承、和谐劳动关系创建等进行了授课交流；来自企业的技术能手为企业职工进行了技术传授；专家们还深入车间、生产现场指导职工操作，对企业的生产管理、生产工艺、产品开发、职工培训等进行分析评价，提出改进意见和建议。

2018年9月，以“送技术提素质，送文化促和谐”为主题的东西部地区纺织服装行业职工技能技术培训交流活动在伊犁哈萨克自治州举办。6位技术专家分赴伊犁州7家纺织服装企业进行了技术交流。2019年6月，以“送技术提素质，送文化促和谐”为主题的纺织服装行业技术能手赴新疆培训交流活动第四次举办。7位技术专家分赴塔城地区、乌鲁木齐市、吐鲁番市的9家纺织服装企业进行了技术交流。专家们深入车间和生产现场，分别就电脑横机、专业缝盘技术、生产线编排、服装制版、纺织服装特种机器维修等内容进行了现场教学和答疑，并从企业管理、生产工艺、产品开发、职工培训等方面进行全方位的诊断分析评价。2021年7月，纺织服装行业技术能手赴新疆培训交流活动第五次举办。6位纺织行业技术专家与2位行业专家，分两路深入巴州新疆中泰纺织集团有限公司的库尔勒纤维公司、巴州金富特种纱线有限公司、新疆富丽震纶棉纺有限公司，以及昌吉市的新疆际华七五五五职业装有限公司、溢达纺织有限公司开展了为期3天的技术交流培训活动。2023年9月，纺织服装行业技术能手赴新疆培训交流活动第六次举办，9位行业专家，分三路赴阿克苏、阿拉尔、克州等地纺织服装产业园区开展技术培训交流，上海、江苏、陕西等部分省市产业工会负责同志参与调研新疆纺织服装企业发展，召开纺织服装产业工会援疆工作座谈会，交流援疆工作经验。2024年6月，纺织服装行业技术能手赴新疆培训交流活动第七次举办。7位行业专家，分赴乌鲁木齐天山毛纺织有限公司、昌吉溢达纺织有限公司、新疆际华七五五五职业装有限公司等纺织服装企业开展技术培训交流活动。活动期间，劳模还赴新疆轻工职业技术学院进行宣讲。2024年，活动扩展至轻工行业。7月，财贸轻纺烟草工会组织全国葡萄酒行业的6位劳模工匠，赴新疆巴音郭楞蒙古自治州和硕、焉耆、博湖三县开展“劳模工匠援疆助企行”活动，由劳模、技术专家等组成专家团队，深入葡萄种植园、葡萄酒生产罐装线与技术人员开展交流。

（四）扎实推进产业工人队伍建设改革

2017年6月，中共中央、国务院印发《新时期产业工人队伍建设改革方案》，明确了新时期产业工人队伍建设改革的指导思想、基本原则、目标任务以及改革举措。《改革方案》明确提出，要把产业工人队伍建设作为实施科教兴国战略、人才强国战略、创新驱动发展战略的重要支撑和基础保障，纳入国家和地方经济社会发展规划，造就一支有理想守信念、懂技术会创新、敢担当讲奉献的宏大的产业工人队伍。

为了落实产改工作要求，财贸轻纺烟草工会立足行业发展需要与产业特征，召开会议传达产业工人队伍建设改革工作要求。2017年7月20日，中国财贸轻纺烟草工会四届二次常委（扩大）会议上，财贸轻纺烟草工会主席王倩要求各级财贸轻纺烟草工会要积极支持、参与本地区产业工人队伍建设改革，推动健全产业工会组织体制，创新工作机制、工作方法和活动方式，促进新形势下产业工会工作创新发展。与会常委围绕在工会改革和推动产业工人队伍建设改革过程中如何加强产业工会建设、发挥产业工会作用的主题，进行了交流研讨。2021年9月23日，中国财贸轻纺烟草工会四届十次常委（扩大）会议暨产业工人队伍建设改革推进会议在京召开。会议传达学习了全国产业工会工作座谈会议精神，要求各级财贸轻纺烟草工会把推进产业工人队伍建设改革工作作为中心工作来抓，在加强思想引领、团结引领建功立业、推动素质提升、促进产业工人地位提升、推进队伍壮大上下功夫；要认真贯彻落实全国产业工会工作座谈会精神，充分认识加强产业工会工作的重要意义，进一步提高政治站位，结合实际、找准定位、突出重点、主动作为，以务实的作风、创新的精神、更大的力度推进产业工会工作再上新台阶。2023年3月28日，全国财贸轻纺烟草系统产业工人队伍建设改革推进会议在山东举行。全国总工会书记处书记、党组成员邹震出席会议并讲话，7 家单位作现场典型经验交流，30 家全国财贸轻纺烟草系统产改示范单位作书面典型经验交流。2024 年 6 月，财贸轻纺烟草工会联合江苏省总工会在江苏丹阳举办轻工行业深化产业工人队伍建设改革、工会促进发展新质生产力示范交流活动，首次覆盖轻工行业 200 强重点企业，总结推广了一批行业产改工作经验，有力扩大了新质生产力工会行动影响力。9 月，在南通举办全国纺织行业深化产业工人队伍建设改革、工会促进发展新质生产力示范交流活动，总结推广 33 个纺织产改经验，凝聚行业产改共识，扩大新质生产力工会行动影响力，25 个纺织产业集群、30 个链主企业参加示范交流。10 月，为深入学习贯彻《中共中央 国务院关于深化产业工人队伍建设改革的意见》，财贸轻纺烟草工会在国投集团举办系统中央企业深化产业工人队伍建设改革主题交流活动。全国总工会书记处书记、党组成员邹震出席活动并讲话。活动以“深化产业工人队伍建设改革，建设一流产业技术工人队伍”为主题，中央企业工会作交流发言，活动集中发布了思想政治引领、劳动和技能竞赛、职工创新创造、技能提升、维权服务等系统央企产改工作 50 项典型成果和 40 项制度机制，大国工匠代表现场宣讲并发布倡议书。中粮集团等 8 家中央企业负责同志、工会负责同志，劳模工匠和职工代表等近 100 人参加活动。

在深化产改的过程中，财贸轻纺烟草工会注重加强协同，推进制度建设，推进产改工作法治化水平。2022 年 2 月，财贸轻纺烟草工会与中国轻工业联合会共同出台《关于进一步加强产业工人队伍建设改革的意见》，旨在通过一系列改革，建设一支知识型、技能型、创新型高素质轻工产业大军，推动我国由轻工制造大国向轻工制造强国迈进；针对轻工行业产业集群集聚效应明显、引领效应突出的特点，修订完善《中国轻工业特色区域和产业集群共建管理办法》，将贯彻落实意见情况纳入共建考核内容，把工会组建情况和技术工人的比例等作为产业集群考评和复审的刚性指标。同年5月，财贸轻纺烟草工会、中国轻工业联合会联合下发《关于在轻工行业开展深化产业工人队伍建设改革专项行动的通知》，决定自2022年至2025年在轻工行业开展深化产业工人队伍建设改革专项行动，并选取40家第一批重点推进企业开展专项行动。同年6月，财贸轻纺烟草工会印发《关于开展系统中央企业推进产业工人队伍建设改革专项行动的通知》，明确央企在推进产改工作中发挥示范带头作用。

与此同时，财贸轻纺烟草工会还组织开展相关调研工作，为精准推进产改工作提供支持。2022年3月，财贸轻纺烟草工会主席王倩带队赴际华集团股份有限公司开展“大走访、大调研”活动，了解央企系统推进产业工人队伍建设改革和维护劳动领域政治安全情况。同年8月，财贸轻纺烟草工会主席王倩、一级巡视员郭振友率调研组赴江苏、山东两省六市就财贸轻纺烟草系统产业工人队伍建设改革、新就业形态群体建会入会、劳动领域政治安全等工作进行调研。调研组先后听取了江苏洋河酒厂股份有限公司（苏酒集团）、江苏今世缘酒业股份有限公司产业工人队伍建设改革工作汇报，实地调研了山东省对外经济贸易工会、中国外运华中有限公司、青岛啤酒股份有限公司、海尔集团公司工会工作，详细了解了山东青州云门酒业（集团）有限公司、华泰集团有限公司产业工人队伍建设改革工作情况。

随着产改工作的深入推进，推进创新工作室联盟、开展工匠学院建设、举办金蓝领培训等创建活动成为财贸轻纺烟草工会推进产改工作的创新举措，并向新业态领域延伸。

2021年10月，财贸轻纺烟草工会、国家烟草专卖局联合发布《烟草行业劳模和工匠人才创新工作室联盟管理办法（试行）》，明确了成员资格、组织机构与职责等事项。2022年3月，财贸轻纺烟草工会、中国轻工业联合会联合发布《关于组织开展“轻工工匠学院”创建活动的通知》，制定《轻工工匠学院创建管理办法（试行）》，在全国轻工行业开展轻工工匠学院创建活动。经过评选，泸州老窖集团有限责任公司、四川轻化工大学等单位分获“中国酒业工匠学院”“中国轻工工匠学院”授牌。2022 年 8 月，财贸轻纺烟草工会、中国轻工业联合会联合下发《关于成立轻工大国工匠创新工作室联盟的通知》，明确《轻工大国工匠创新工作室联盟管理办法（试行）》，进一步整合了优质资源。同年 8 月至 12 月，财贸轻纺烟草工会与中国棉纺织行业协会联合，针对影响棉纺织行业产品质量和生产成本的关键工序、核心工艺展开培训，委托专业培训教育机构——中国纱线网和梭子学堂，开设棉纺织行业“金蓝领网络大学堂”。共有 16 个省 116 家企业 850 余名学员报名参加学习，数千人在线收看直播授课，覆盖棉纺织行业 20 强企业和中西部棉纺织产业转移区头部企业。

2023 年 9 月，在财贸轻纺烟草工会指导下，由 6 位荣获全国五一劳动奖章的外卖配送员领衔成立的饿了么首批蓝骑士劳模创新工作室在上海市正式揭牌。蓝骑士劳模创新工作室由获得全国、省、市级荣誉称号的劳动模范、五一劳动奖章获得者等有突出优秀事迹的饿了么外卖配送员为领衔人，以思想引领、技能创新、服务创新、管理创新等为主要工作内容，以解决业务难题、创新工作方式方法、推动行业及新就业形态劳动者群体创新发展为目标，力求实现劳模创新工作室示范引领、集智创新、协同攻关、传承技能、培育精神等功能。

五、丰富维权服务工作

（一）推进行业集体协商

劳动经济权益是劳动权益的重要组成部分。新时代以来，财贸轻纺烟草工会全面落实党中央、国务院、全国总工会的工作要求，切实履行各项工作职责，参与劳动定额标准制定，强化工会在集体协商中的作用，有效维护职工劳动经济权益。行业集体协商及其相关工作主要在餐饮、眼镜、商业服务、旅游等行业与领域进行。

2014 年 4 月，中国烹饪协会发布《2013 年度中国餐饮百强企业分析报告》，指出：受市场环境和政策环境影响，2013 年中国餐饮行业进入新世纪以来最为凄冷的寒冬，餐饮百强企业首当其冲也经历了经营最为困难的一段时期。餐饮行业企业类型多样、职工数量众多，推进餐饮行业集体协商是维护职工权益的重要工作。2013 年，财贸轻纺烟草工会与全国总工会保障工作部、人力资源社会保障部劳动工资研究所首次联合制定包括行业工资集体协商重点内容和协商参考数据的《2014 年度餐饮行业工资福利工作指导意见》。意见内容与国家法律政策协调配套，具有较强的针对性、指导性和可行性，对于健全工资决定和正常增长机制、完善工资集体协商工作、加强对餐饮行业和企业工资集体协商指导服务、促进劳动关系和谐稳定具有重要意义。2014 年 5 月，财贸轻纺烟草工会在河北石家庄召开全国餐饮行业工资集体协商工作推进会，就推进行业工资集体协商遇到的问题及《2014 年餐饮行业工资福利工作指导意见》进行交流。

2015 年，财贸轻纺烟草工会联合全国总工会保障工作部、人力资源社会保障部劳动工资研究所在北京、石家庄、大同等 10 个城市就餐饮行业企业的劳动、工资、保险和员工福利等情况以及对2016年的经营预判、增资意愿等内容进行问卷调查，并根据调查结果，与中国烹饪协会和中国饭店协会联合制定印发《2016年餐饮行业工资集体协商指导意见》。意见综合考虑了行业差异与地区差异、共性问题与轻重缓急、当前工作与未来发展、企业类型与经营业态、典型工种与一般工种等多方面的差异性，为基层协商确定合理的职工工资福利水平和工资增长幅度提供了原则依据。

2017年，财贸轻纺烟草工会联合中国劳动和社会保障科学研究院，先后到江苏扬州、镇江、连云港、南京和湖南株洲、湖北武汉、北京等地调研，并在海南琼海召开全国餐饮行业工资集体协商工作研讨交流会。此后在全国8个城市开展问卷调查，最终形成《2018年餐饮行业工资集体协商指导意见》，提出了2018年全国餐饮行业工资集体协商的重点内容和未来一段时期推进行业集体协商工作的主攻方向，并首次制定了《餐饮行业集体协商质效评价标准（试行）》，从协商主体、程序、内容、合同履行及效果、综合评价结果等方面进行质量和效果对照评估。这些工作有效推动了企业开展集体协商工作。

与此同时，眼镜行业、商业服务行业的集体协商工作也在稳步推进。2013年，财贸轻纺烟草工会会同中国眼镜协会联合制定发布《眼镜行业部分劳动定额指导标准》，并分别在江苏丹阳、福建厦门、江西鹰潭等地的三个眼镜产业集群举办了三期推广培训班。同年7月，财贸轻纺烟草工会与全国总工会国际联络部在吉林省吉林市联合举办全国总工会/国际劳工组织纺织行业工资制定政策研讨会，探讨国内外工资集体协商、劳动定额标准制定等方面的政策法规和经验做法。同年11月，财贸轻纺烟草工会召开商业服务行业工资集体协商工作推进会议，部分省市工会和企业工会围绕商业服务行业工会组建和行业性工资集体协商工作的开展进行了经验交流和工作研讨。2014 年 12 月，财贸轻纺烟草工会在湖南长沙召开商业连锁企业工会建设和工资集体协商研讨会，交流商业企业特别是跨区域连锁企业加强基层工会组织建设和开展工资集体协商工作经验，研讨如何建立具有行业特色的工会组织模式和工资集体协商有效机制，促进商业企业工会建设和工资集体协商工作的健康发展。

导游是我国旅游从业人员队伍的重要组成部分，多年来，导游群体为展示旅游形象、传播先进文化、促进中外交流、推动旅游业发展作出了积极贡献。为贯彻党的十八届四中全会精神，落实《旅游法》和《劳动合同法》等法律及《国务院关于促进旅游业改革发展的若干意见》的要求，维护和保障导游合法劳动权益，2015 年 7 月，国家旅游局、人力资源社会保障部、全国总工会联合印发《关于进一步加强导游劳动权益保障的指导意见》，要求开展导游劳动报酬集体协商和指导性标准制定工作，并明确行业组织和行业工会在维护导游权益方面的职责和作用。财贸轻纺烟草工会全程参与制定工作，湖北宜昌、吉林延吉、福建厦门被选为导游劳动报酬集体协商试点城市。2016 年 12 月，宜昌市导游劳动报酬集体协商现场及签约仪式和试点工作交流会召开，财贸轻纺烟草工会出席会议，并在会后结合宜昌的试点经验，努力推动旅游行业集体协商工作广泛开展。

（二）开展困难职工帮扶救助

财贸轻纺烟草工会持续开展困难职工帮扶救助工作。2013 年 1 月，财贸轻纺烟草工会主席王晓峰在北京走访慰问商业系统困难劳模，送去工会组织的温暖和产业工会干部的祝福。副主席王洪泽到云南省供销合作社和轻工、纺织系统困难职工家中进行走访慰问。2014 年 1 月，财贸轻纺烟草工会主席秦鲁隼到四川、贵州走访慰问成都市禽蛋食品有限公司、南充市六合丝绸公司、贵州弘业印染公司和毕节供销合作社，深入困难职工家庭送去了慰问品及慰问金。副主席王洪泽到河北石家庄、保定财贸轻纺系统困难职工家中进行慰问。

2017 年 1 月，财贸轻纺烟草工会副巡视员张晓冬等人走访慰问北京市商贸系统部分企业困难职工、北京市清洁行业一线职工。财贸轻纺烟草工会向北京、天津、山东、河南、四川等地，以及中国诚通控股集团有限公司、中国储备粮管理总公司、中国盐业总公司等企业的困难职工发放送温暖资金共计 30 万元。这一年，财贸轻纺烟草工会创新帮扶方式，指导企业开展困难职工建档立卡工作，实行动态管理，规范资金使用，实现精准帮扶；动员职工参加职工医疗互助保障，开展助学、济贫等主题公益活动，不断拓展帮扶渠道；组织知名旅游企业参加全国总工会对口扶贫县的旅游扶贫工作。全委会落实产业帮扶资金 40 万元、中央财政帮扶资金 300 余万元，为 10 余个省区及中央企业在内的 164 家企业的 4143 名困难职工提供帮扶。

2019 年 1 月，财贸轻纺烟草工会主席王倩，兼职副主席邓建军、周国华分别带队赴四川绵阳，江苏苏州、常州以及湖北武汉的汉商集团等地慰问困难职工。“两节”期间，财贸轻纺烟草工会向江苏、湖北、四川、贵州、重庆、云南、陕西、青海、甘肃及中国诚通控股集团有限公司、中粮集团有限公司、中国中化集团公司的困难职工发放送温暖资金共计 33 万元。2020 年“两节”期间，财贸轻纺烟草工会向山西、内蒙古、江苏、安徽、福建、江西、山东、河南、湖北及中储粮集团、通用技术集团、中盐集团、新兴际华集团的困难职工发放送温暖资金共计 42 万元。2021 年“两节”期间，财贸轻纺烟草工会向北京、河北、吉林、辽宁、黑龙江等受新冠疫情影响较为严重的地区发放送温暖资金 26 万元。相关活动和工作把党的关怀和温暖送到职工身边，并鼓励职工树立信心，克服困难。

（三）构建和谐劳动关系

随着职工劳动权益保障的有效增强，和谐劳动关系创建工作也在不断走向深入。2013 年，财贸轻纺烟草工会与中国企业管理协会共同开展了商业企业和谐劳动关系创建活动，与中国饭店协会共同举办了全国饭店业劳动关系和谐企业评审命名活动，总结宣传推广了一批创建劳动关系和谐企业的典型经验，表彰了 51 家商业行业先进企业和 30 家饭店行业先进企业。

2014 年，财贸轻纺烟草工会以深化和谐劳动关系创建为载体，组织开展了商业企业和谐劳动关系创建活动、全国纺织劳动关系和谐企业创建活动等，促进构建产业和谐劳动关系。同年 11 月，全国纺织劳动关系和谐企业命名表彰暨郝建秀小组式全国纺织先进班组经验交流会在四川宜宾召开。18 个省（区、市）的 60 家单位被授予“2014 全国纺织劳动关系和谐企业”荣誉称号，17 个省（区、市）的 39 个班组被授予“郝建秀小组式全国纺织先进班组”荣誉称号。这一年，劳动领域发生了一系列事件，在国内造成很大影响。财贸轻纺烟草工会积极作为，先后参与湖南常德沃尔玛门店关闭事件、百事可乐多家灌装厂停工事件、广东东莞裕元鞋厂大面积停工事件、中国五矿营口钢板厂职工集体上访事件等信息分析与处置工作，总结财贸轻纺行业影响职工队伍稳定的突出问题和对策建议。针对劳动领域出现的新情况与新问题，在大量研判分析的基础上，经全委常委会研究，2014 年 7 月初，制定下发《中国财贸轻纺烟草工会关于发挥产业工会作用维护行业职工队伍稳定的意见》，督促企业履行社会责任，较好地发挥了在维护职工队伍稳定中的积极作用。各省市财贸轻纺烟草工会通过建立预防劳动关系纠纷信息报送系统、“企情民意气象站”、网上“职工之家”等形式，加强与企业和职工的沟通联系，完善劳动争议预防调处机制，促进行业劳动关系和谐稳定。这一文件与后续工作强化了产业工会的政治责任与要求，为维护行业职工权益、推进社会经济平稳发展作出了贡献。

2015年4月，中共中央、国务院发布《关于构建和谐劳动关系的意见》，明确了构建和谐劳动关系的重大意义，提出了构建和谐劳动关系的指导思想、工作原则、目标任务和具体举措。全国总工会深入学习贯彻习近平总书记关于工人阶级和工会工作的重要论述和党中央的决策部署，把构建和谐劳动关系摆在工会工作的重要位置。2015年，财贸轻纺烟草工会广泛开展劳动关系和谐企业创建活动，与中国商业企业管理协会联合开展全国和谐商业企业评选活动，与中国饭店协会联合开展全国饭店业劳动关系和谐企业评审命名活动。同年8月，财贸轻纺烟草工会与中国皮革协会联合下发《关于命名2015年全国皮革行业劳动关系和谐企业的决定》，命名上海皮鞋厂等24家单位为2015年全国皮革行业劳动关系和谐企业。同年9月，财贸轻纺烟草工会与中国酒业协会联合下发《关于命名2015年全国酒行业劳动关系和谐企业的决定》，命名20家单位为全国酒行业劳动关系和谐企业。

盐业体制改革自2016年起拉开了序幕。2016年4月，国务院印发了《盐业体制改革方案》，决定推进盐业体制改革，完善食盐专营制度，全面建立起竞争性市场结构。按照统一部署，国家发展改革委决定自2017年1月1日起，放开所有盐产品价格，取消食盐准运证，允许现有食盐定点生产企业进入流通销售领域，食盐批发企业可开展跨区域经营。为深入了解影响盐业企业发展的突出问题，促进并保证盐业体制改革顺利进行，财贸轻纺烟草工会对山东、江苏、内蒙古、四川、广东等部分省区盐业企业，以及中国盐业集团公司系统盐企进行了调研。调研显示，近年来受国际国内经济下行压力加大、食盐专营制度制约、历史遗留问题等因素影响，盐业企业特别是原盐生产企业困难重重，出现了产能过剩导致盐生产企业亏损严重、产销分离模式阻碍市场竞争、企业历史负担沉重、职工分流安置压力大等亟须解决的突出问题。针对调研反映的问题，财贸轻纺烟草工会提出了要加强政策指导，规范操作程序，多渠道妥善分流安置富余人员，探索建立新型食盐安全监管体系，充分发挥现有盐政执法队伍作用，坚持市场化改革导向，坚持逐步推进，提高食盐产业集中度，充分发挥工会组织作用，积极稳妥推进盐业体制改革等对策建议。

2017 年，财贸轻纺烟草工会重点从两个方面开展调研。一是开展新常态下商业服务业发展及对劳动关系和职工队伍影响的专题调研。调研发现，部分传统行业进入转型调整期，商业服务业发展出现增速放缓的情况；行业门类不断细分，业态交叉融合趋势明显，“互联网+”成为推动行业发展的重要力量，线上线下优势结合成为新发展模式。调研发现，商业服务业劳动关系总体稳定，同时也存在一些问题：用工主体和用工方式多元化，短期工、季节工、小时工以及劳务派遣用工等大量存在，特别是平台经济、共享经济的发展，劳动关系呈现分散化、个体化、模糊化趋势。为此，提出提高工会源头参与的针对性和实效性等建议。二是开展纺织行业转型升级过程中职工分流安置情况调研。随着以“科技、品牌、产业布局、人力资源建设”为主要方向的转型升级不断深入，纺织行业改革调整和职工分流进入新阶段。财贸轻纺烟草工会在北京、天津、河北、上海、江苏、浙江、湖南、陕西等地开展相关调研并了解到：当前我国纺织行业已步入深度转型升级新常态，不少企业因搬迁、关停、“机器换人”、主业转型、产业转移等原因进行大规模的人员分流安置。纺织行业转型升级任务并未完成，未来职工分流安置仍面临很多问题，如企业生存和发展压力增大影响职工收入提高、节能减排政策实施增加了安置工作难度、分流安置职工的工作生活还存在诸多不便等。对此，财贸轻纺烟草工会提出以市场为导向推进行业转型升级，实现职工有序流动；以政策法规为保障，提供基本支持，保障职工合法权益；以技能培训为抓手，提升职工就业能力，促进产业发展；发挥工会组织的积极作用，做行业发展的推动者和职工权益的维护者等意见建议。

2020年初，新冠疫情发生后，财贸轻纺烟草工会积极协调资源支援疫情防控一线，向湖北省总工会、武汉市总工会和部分基层社区志愿者、商超职工捐赠口罩；组织纺织行业劳模向女医务工作者捐赠专用物品；联系有关协会和企业为国家援鄂医疗队隔离休养基地捐赠消毒防护用品。同时，密切关注疫情对行业发展及劳动关系的影响，加强与政府有关部门、行业协会和相关企业的联系，及时调研商贸、餐饮住宿、旅游、生活服务、轻工、纺织等行业企业生产经营和职工权益保障中的问题，关注各行业复产复工情况，提出相关对策建议。此外，财贸轻纺烟草工会还指导各地财贸轻纺烟草工会与有关部门、协会出台复工复产稳定劳动关系指导意见和职工生产防护指南，为企业申请疫情防控资金，协助职工安全顺利返岗；指导企业签订减薪保岗专项集体合同，妥善应对疫情对劳动关系的影响，保障职工利益，助力企业发展。

（四）做好新就业形态劳动者等重点群体维权服务工作

实施农民工入会集中行动，最大限度地把农民工吸收到工会组织中，这既是党中央的要求，也是全国总工会的工作重点。财贸轻纺烟草工会十分重视农民工入会和服务工作。2015年，针对财贸轻纺行业非公企业多、中小微企业多，吸纳农民工就业多、农民工占职工比例较高的实际，财贸轻纺烟草工会把做好农民工入会和服务工作作为围绕党和国家大局及工会工作全局发挥作用的重要体现，深入基层，摸清情况，提出加强工会组建和维护农民工劳动经济权益的对策建议；加强指导和工作协作，积极推动工会组建和农民工入会，推动西安凯撒宫（沐浴企业）、杭州绿晶清洁有限公司、武汉爱洁物业管理有限公司、大连朋朋修脚组建了工会组织，北京市成立了清洁行业工会联合会。财贸轻纺烟草工会积极组织农民工参与职业技能竞赛，把提高农民工素质作为竞赛活动的重要内容，促进农民工技能素质提升。大力宣传行业农民工优秀代表的先进事迹和企业关爱农民工的经验做法。通过全委会的推荐，《工人日报》推出专访《草根走出成功路》，介绍申洲针织（安徽）有限公司的“80后”农民工全国劳模彭玉杰；《工人日报》登载报道《“停不下来”的修脚师》，介绍大连农民工创业带头人高广东；协助中工网拍摄视频，宣传保持和传承“郝建秀精神”六十三年、以新生代农民工为新生力量、勇做行业排头兵的青岛纺织集团郝建秀班组，引起良好的社会反响。

此外，财贸轻纺烟草工会落实全国总工会部署，加大力度推进商业信息员、商场导购员以及新就业形态劳动者等重点群体入会工作。2016年，为更好地把广大商业信息员吸纳到工会组织中来，切实保障他们的合法权益，稳定商业职工队伍，财贸轻纺烟草工会通过对河北、浙江、山东、陕西等地30家商业企业进行实地走访和问卷调查，以及在北京、安徽、山东、江苏、浙江等地开展商业信息员组建工会试点工作，探索在单一企业内组建工会联合会的新模式。同年11月，全国商业信息员工会组建工作推进会议在浙江宁波召开，就信息员工会联合会的法律地位、组织形式、经费保障、作用发挥以及存在问题等进行交流探讨，并现场观摩宁波第二百货商店工会联合会成立大会。会议要求：认清工会工作面临的新形势、新情况、新挑战，增强组织信息员入会工作责任感；积极进取，结合各地实际，努力在信息员入会工作上实现突破；加强制度建设，在规范运作和促进工会作用发挥上下功夫。商业信息员权益保障及加入工会组织情况的调研报告，通过《全总信息》报送中办秘书局、国办秘书局。

2015年10月，党的十八届五中全会首次提出“新就业形态”。伴随着互联网技术应用和数字经济发展，新就业形态劳动者队伍不断壮大，并对工会工作提出了新的要求。为认真贯彻落实全国总工会十六届七次执委会议精神，最大限度地把货车司机等群体组织到工会中来，持续推进农民工入会工作，不断扩大工会组织和工会工作有效覆盖，2018 年 3 月，全国总工会办公厅印发《推进货车司机等群体入会工作方案》，要求大力推进货车司机、快递员、护工护理员、家政服务员、商场信息员、网约送餐员、房产中介员、保安员等群体（简称“八大群体”）入会工作。

围绕网约送餐员等群体，财贸轻纺烟草工会持续开展情况调研、典型选树、建会入会等工作。2020 年，财贸轻纺烟草工会向全国总工会书记处报送《关于网约送餐行业工会组建和职工入会情况的报告》，在全国总工会推进“八大群体”入会工作研商会上发言；参加人力资源社会保障部就业司召开的灵活就业座谈会，对加强网约送餐员权益维护提出建议；向全国总工会申报商场导购员、家政服务员、网约配送员三个入会项目和五个服务项目；推荐武汉网约送餐员郭锋出席全国总工会新闻发布会，经中央电视台播出，较好地宣传了“八大群体”建会入会工作；通过开展家政服务业职业技能竞赛和“最美家政人”推树活动，扩大工会影响，推动家政行业建会入会工作。

为支持和规范发展新就业形态，切实维护新就业形态劳动者劳动保障权益，促进平台经济规范健康持续发展，全国总工会联合相关政府部门发布了系列政策与要求。2021 年 7 月，全国总工会等八部门共同印发《关于维护新就业形态劳动者劳动保障权益的指导意见》，进一步规范平台用工关系，对维护好新就业形态劳动者的劳动报酬、合理休息、社会保险、劳动安全等权益都作出明确要求。同月，全国总工会等七部门联合印发《关于落实网络餐饮平台责任 切实维护外卖送餐员权益的指导意见》，对保障外卖送餐员正当权益提出全方位要求。财贸轻纺烟草工会认真贯彻全国总工会关于新就业形态劳动者入会的意见，深入推进以新就业形态劳动者为重点的入会及维权服务。加强与美团、饿了么、京东等平台企业的沟通联系，稳步推进平台企业及其关联企业建会工作。联合有关部门开展外卖配送员权益保障状况及维权服务网络培训，指导规范部分地方产业工会开展外卖配送行业建会入会、集体协商等工作，推动涉及新就业形态劳动者权益保障的各项政策制度落地落实。以服务促入会，与有关单位联合启动组织和关爱外卖骑手行动暨户外劳动者服务站点合作项目，举办外卖骑手集体婚礼、开展女性外卖配送员特殊关爱活动、开展外卖配送员线上专场招聘活动、指导建设一平米温暖户外劳动者服务站点、协调建设外卖配送员充换电及智能送餐柜设备设施等，为新就业形态劳动者送去工会组织的温暖。同年 8 月，京东集团工会成立大会在北京召开，财贸轻纺烟草工会派员出席。同时，财贸轻纺烟草工会继续扎实推进商业服务、轻工、纺织等行业工会组建行动以及商场导购员、家政服务员等群体入会工作，通过试点先行、典型推进、加强引导等措施推动行业工会组建，最大限度把更多的职工吸引到工会组织中来。

2022 年 2 月，全国总工会召开全国推进新就业形态劳动者工会工作会议，将做好新就业形态劳动者工作作为全国工会的重点任务。全国总工会专门成立领导小组，出台维护新就业形态劳动者劳动保障权益和推进新就业形态劳动者入会工作的意见，并与有关部门联合印发一系列指导意见。财贸轻纺烟草工会扎实推进新就业形态劳动者建会入会，积极推动各层级外卖配送行业工会联合会建设，持续推进外卖配送平台合作商、代理商等组建工会。深化新就业形态劳动者维权服务工作，扎实推进“一平米温暖爱心驿站”建设，在北京、上海等 10 个城市建设 1000 家“一平米温暖爱心驿站”。指导饿了么制定蓝骑士劳模创新工作室项目方案，探索打造具有新业态特色的劳模创新工作室。配合全国总工会有关部门在外卖配送行业开展协商试点工作，指导美团、饿了么开展外卖配送员“协商恳谈会”，探索建设平台与劳动者定期沟通协商的机制。组织企业参与工会新就业形态劳动者网络专场招聘。推荐外卖配送行业优秀职工参加央视主流媒体及工会媒体的宣传报道及节目录制。

2023 年 5 月，全国总工会办公厅印发《深入推进新就业形态劳动者工会工作三年行动计划（2023—2025 年）》，要求着力解决工会组织对新就业形态劳动者思想引领工作针对性和实效性不足、覆盖面不够广、维权服务和维护安全机制不够健全等问题，持续巩固拓展深化新就业形态劳动者工会工作。财贸轻纺烟草工会聚焦政策要求，发挥政治优势与组织优势，为新就业形态劳动者提供专项慰问、健康服务等系列服务活动，取得较为显著的成绩。一是推动建会入会。强化头部平台企业作用发挥，与美团实现蹲点“双向互派”，推动饿了么将建会入会相关内容纳入与全国代理商合作协议、美团向全国合作商发布建会入会倡议书，实现两家头部平台企业总部入会率较上年分别提升 15%、6%，代理商建会率较上年分别提升 10%、6%。二是推进协调协商机制建设。推动饿了么首次召开全网职代会，签订全网集体合同，覆盖 300 多万名外卖员；推动美团召开首次全国骑手恳谈会，签订“全网约束”会议纪要，覆盖全国近 1200 家合作商、600 多万名外卖员，两家头部平台企业实现全国层面集体协商全突破。三是开展维权服务。推进外卖配送行业“会站家”一体化建设，建成“一平米温暖爱心驿站”1000 家，饿了么入选“双 15 工程”建设典型案例。深入开展骑手健康服务季和心理健康专项服务，开通 24 小时心理健康咨询全国热线。联动平台企业开展“智送清凉”，投入资金超 1000 万元。

头部平台企业是推进新就业形态劳动者权益保障与工会工作

的重要主体。为充分发挥头部平台企业的示范带动作用，2024 年 2 月，全国总工会办公厅印发《推动 12 家头部平台企业工会工作方案（2024—2026 年）》，明确支持 12 家头部平台企业工会工作的十大项目。在方案实施过程中，财贸轻纺烟草工会积极发挥“打头阵”作用。一是持续推动建会入会。完善“头部抓头部”机制，推动饿了么总部职工入会率 100%，直营代理商建会率 83%，提前两年超额完成三年行动 2026 年“70%、80%”目标；专送骑手动态入会率 62%，完成年度目标的 103%，饿了么省级分公司建会实现全覆盖。推动美团合作商建会 283 家，已建会合作商骑手入会率 55%，分别完成年度目标的 103%、110%。二是深入推进协调协商。召开即时配送行业工会工作研讨会，指导饿了么、美团健全沟通协商机制，推动饿了么签订覆盖全网的“1+3”集体合同，推动美团首次召开全国协商恳谈会，开展劳动领域风险排查化解，提升新就业形态劳动者权益保障水平。三是加强关爱服务。启动工会“爱新餐”专项工作，服务新就业形态劳动者超过 260 万人次，完成全年目标的 173%。开展工会“暖心服”专项工作，为外卖骑手提供心理健康关爱服务。联合美团开展“骑手友好商家”，联合饿了么开展“安全万里行”。建成 2700 家“一平米”工会驿站、40 家“会站家”一体化站点，叫响工会服务品牌。

（五）推进职工文化体育活动

2021 年 5 月，由财贸轻纺烟草工会主办、中国通用技术集团工会承办、中国轻工业品进出口集团工会协办的“中国梦 · 劳动美‘通用技术杯’财贸轻纺烟草系统中央企业职工乒乓球友谊赛”在国家奥林匹克体育中心体育馆举办。全国总工会副主席、书记处书记、党组成员蔡振华到现场观看比赛并担当决赛挑边嘉宾，在闭幕式上为获奖代表队和运动员颁奖。全国总工会副主席、书记处书记、党组成员江广平出席开幕式，与前世界冠军郭焱一起为比赛开球。财贸轻纺烟草工会主席王倩出席活动开闭幕式并致辞。此次比赛有来自财贸轻纺烟草系统10家在京中央企业和国家烟草专卖局共11支代表队的88名选手参加。

2022年，财贸轻纺烟草工会联合中国商业联合会、中国轻工业联合会、中国纺织工业联合会主办了“喜迎二十大 建功新时代”全国财贸轻纺烟草系统职工诵读和书画大赛。大赛共收到37家省级财贸轻纺烟草工会、中央企业工会和行业协会报送的参赛作品926件，并通过学习强会平台，对参赛作品进行了展示，浏览量达201万人次，职工投票153万人次。2023年，财贸轻纺烟草工会与上海市总工会共同主办，中储粮集团直属工会、上海市纺织工会联合承办“奋进新征程 建功新时代”全国财贸轻纺烟草行业暨上海市职工书画展。书画展作品涵盖了书法、绘画、篆刻等多种形式。

为丰富新就业形态劳动者精神文化生活，2023年初，财贸轻纺烟草工会、全国总工会文工团共同主办“温暖有你 共赴美好”新就业形态劳动者云上新春联谊会。联谊会于1月15日在新华网、央视频、《工人日报》客户端、学习强会等12个平台在线直播，并于1月20日在芒果TV播出，总观看量超过1500万，覆盖量达2.2亿。1月16日，中央电视台《朝闻天下》栏目以《新就业形态劳动者文化送温暖活动在京举行》为题进行了报道。2024年2月，由全国总工会主办、财贸轻纺烟草工会等联合承办的“温暖有你 共赴美好”2024年新就业形态劳动者新春联谊会在全网播出，新就业形态劳动者代表、首都各界劳模工匠和职工代表共750余人现场观看了这场专门为新就业形态劳动者打造的“春晚”，并在新华网、央视频、全国总工会微信视频号等多个网络平台播出。

六、产业工会系统自身建设

（一）推进党的建设

党的十八大以来，财贸轻纺烟草工会以习近平新时代中国特色社会主义思想为指导，深入学习贯彻习近平总书记关于工人阶级和工会工作的重要论述，紧紧围绕党和国家工作大局及工会工作全局，抓好财贸轻纺烟草工会系统党的建设，推进财贸轻纺烟草系统企业工会党建工作，推动各项工作取得明显成效，主要包括四个方面。

第一，加强政治建设。一是以党的政治建设为统领，把加强党建工作作为产业工会工作的重要政治任务，坚持每月就党建工作向全国总工会分管领导做专题汇报，以党建工作带动产业工会全面工作，确保产业工会正确政治方向。积极组织广大党员干部学习党的理论、方针与政策，不断提高政治觉悟、思想认识与理论水平。坚持把学习贯彻党的十八大、十九大、二十大与历次全会精神，习近平总书记关于工人阶级和工会工作的重要论述，习近平总书记系列重要讲话精神作为首要政治任务，用科学理论武装头脑、指导行动，增强了新形势下做好产业工会工作的使命感和责任感。二是推进学习制度建设。制定分党组理论学习中心组学习制度，进一步提高理论学习的系统性、计划性、时效性，充分利用学习强国、微信群等媒介，将党建工作作为促进产业工会工作创新发展的强大动力。三是开展形式多样的学习活动。通过集中学习、开办培训班、调研考察、举办知识竞赛、重温入党志愿书、红色经典诵读活动、邀请党代表进机关讲党课等多种形式持续深入学习习近平新时代中国特色社会主义思想。

第二，开展主题活动。财贸轻纺烟草工会落实党中央与全国总工会党组工作要求，组织开展主题教育，牢牢把握产业工会的正确方向。2013年，开展以为民务实清廉为主要内容的党的群众路线教育实践活动，围绕职工权益维护和工会工作的热点、难点、焦点问题，深入企业、深入基层开展调查研究，发挥了推动产业经济发展和职工权益实现的作用。2016年，开展“学党章党规、学系列讲话，做合格党员”学习教育，深刻领悟习近平总书记系列重要讲话的精神实质和党中央治国理政新理念新思想新战略的丰富内涵，并切实体现在实际工作中。2019年6月至8月，组织开展“不忘初心、牢记使命”主题教育，把握“守初心、担使命，找差距、抓落实”的总要求，在深化理论武装、认真查摆问题、抓好整改落实上下功夫，推动主题教育取得实实在在效果。2021年，开展党史学习教育，加强对《论中国共产党历史》《毛泽东 邓小平 江泽民 胡锦涛关于中国共产党历史论述摘编》《习近平新时代中国特色社会主义思想学习问答》《中国共产党简史》等书目的学习研读，组织开展以“党在我心中”为主题的党史知识竞赛，将党史学习教育与学习习近平总书记关于工人阶级和工会工作的重要论述有机结合起来，深入推动党史学习教育。2023年4月至8月，组织开展学习贯彻习近平新时代中国特色社会主义思想主题教育。按照“学思想、强党性、重实践、建新功”的总要求，组织全体党员参加全国总工会机关主题教育读书班，开展集中自学、专题辅导授课和交流研讨，撰写学习体会，分享交流学习心得；组织参观“八大处的红色电波”主题展览，赴嘉兴、绍兴市开展“追寻红色足迹 践行初心使命”主题教育党日活动，主要负责同志集体参加全国总工会学习中国工会十八大精神专题班，青年理论学习小组邀请中国工会十八大代表美团骑手范铁明谈学习体会；组织开展全系统中国工会十八大精神学习交流活动，赴国家投资开发集团、美团等5家企业开展专题宣讲活动，赴五矿集团开展送教到基层活动，切实用重要论述武装头脑、指导实践、推动工作，不断提高政治判断力、政治领悟力、政治执行力。

第三，推进党风廉政建设。一是高度重视中央巡视、国家审计以及全国总工会党组巡视和主题教育中发现的问题，积极落实整改意见，制定整改措施，持续进行整改。二是落实中央专项巡视整改任务，分党组制定了规范党内政治生活、强化整改落实监督检查等10项整改细则。贯彻《中国共产党党组工作条例》，制定分党组工作规则。落实中央督查调研反馈意见，提出了明确分党组责任、提高责任意识、发挥领导核心作用等8项具体措施，推动建立服务职工长效机制，推动改进作风、密切联系群众常态化、长效化。三是通过召开领导班子对照党章党规找差距专题会议、专题民主生活会、组织生活会、青年干部征求意见座谈会，全委会班子成员之间、班子成员与分管处室党员干部开展谈心谈话等形式，广泛听取各方意见和建议，结合全国总工会机关内部巡视，认真查摆不足，深刻检视剖析并制定整改措施，逐条逐项推进落实。

第四，加强组织建设。2014年，围绕贯彻习近平总书记关于加强基层工会建设重要批示精神和全国总工会部署，财贸轻纺烟草工会积极参与加强基层工会建设和产业工会工作两项重要调研，针对行业内中小企业多、非公有制企业多的特点，积极在产业集群、特色区域、商业服务业小企业集中的地区推进区域性行业性基层工会联合会和联合基层工会建设，财贸轻纺行业工会组织在组建数量、覆盖行业、组织层级等方面都有了较大的突破，积累了不少具有典型性、示范性的特色经验，开拓了组建工作的新路子。2015年，财贸轻纺烟草工会加强产业工会自身建设，推进产业工会基层组织建设，完善组织体制、运行机制，加强工作督查，强化工作落实，提升工作质量和效率，促进产业工会工作水平提高。按照全国总工会安排，财贸轻纺烟草工会开展送教到基层活动，协助徐州市总工会、中储粮总公司工会和中国恒天集团工会举办行业和基层工会干部培训班。2024 年以来，财贸轻纺烟草工会推进“服务化、体系化、品牌化、创新化、数智化”建设，提升产业工会工作能力，建成财贸轻纺烟草工会微信公众号，上线服务项目；落实主体责任，全面推进党建工作，充分发挥机关党建的政治引领和政治保障作用。

（二）工会改革和建设

为适应不断变化的外部环境与工作要求，关注新形势对工会工作的新要求与新挑战，财贸轻纺烟草工会围绕工会工作目标与任务，不断加强自身改革与建设，努力把工会组织建设成为广大职工群众信赖的“职工之家”。

2015 年 11 月，中央全面深化改革领导小组第十八次会议上通过《全国总工会改革试点方案》。财贸轻纺烟草工会以全国总工会改革试点工作为契机，着力推进产业工会组织体制、运行机制和活动方式的改进创新。2016 年 1 月，遵照增强“三性”、去除“四化”、强基层、促创新的要求，按照全国总工会组织部《关于提高各驻会全国产业工会全委会委员、常委会成员中劳模和一线职工比例工作实施意见》要求，在三届六次全委会议上，财贸轻纺烟草工会履行相关民主程序，增加 14 名省部级以上劳模为全委会委员（占比 9.4%），增选 6 名省部级以上劳模为常委（占比 13.95%），增设兼职副主席 2 人（其中 1 名是劳模代表，1 名是省级产业工会主席）。落实全国总工会工作要求，充分发挥兼职副主席、常委与委员的积极作用，明确常委会工作规则。2017 年 2 月，中国财贸轻纺烟草工会四届一次常委会议审议通过《关于充分发挥委员、常委、兼职副主席作用的办法（试行）》《中国财贸轻纺烟草工会第四届全国委员会常务委员会工作规则》。2019 年 12 月，财贸轻纺烟草工会印发《关于充分发挥委员、常委、兼职副主席作用的办法》，从参会议事、文件审议、提案提出、调查研究、信息报送、联系基层等方面明确作用发挥的领域与机制。2023 年 11 月，财贸轻纺烟草工会召开五届三次常委会议，学习习近平总书记在同全国总工会新一届领导班子集体谈话时的重要讲话精神，审议通过《中国财贸轻纺烟草工会第五届全国委员会常务委员会工作规则（修订稿）》。加强对口央企工会工作指导，形成科学管理与运行机制，更好地了解与回应企业工会的需求，提升产业工会吸引力、凝聚力与战斗力。

为深入学习贯彻习近平总书记系列重要讲话精神，落实中国工会十六大、全国总工会十六届二次执委会议提出的目标任务，进一步加强和规范酒行业工会组织建设，充分发挥企业工会在团结动员职工参与企业结构调整改革、提高职工整体素质、促进企业健康发展中的积极作用，2014 年 9 月，财贸轻纺烟草工会在山东淄博召开全国酒行业企业工会工作座谈会。财贸轻纺烟草工会主席秦鲁隼、副主席王洪泽出席会议，国井集团、洋河集团等 9 家企业交流了工会工作经验。与会同志就新形势下如何创新工会工作，提高职工素质，在改革调整、促进行业发展中发挥工会组织积极作用等方面进行了交流讨论。2015 年 9 月，财贸轻纺烟草工会在江苏宿迁召开全国酒行业工会工作座谈会，财贸轻纺烟草工会副主席王洪泽出席会议，与会代表结合自身工作实践，从建立健全企业民主管理制度、开展集体协商、签订集体合同、加强职工技术技能培训和职工文化建设等方面交流了经验和做法。

2015 年 8 月，中共中央、国务院印发了《关于深化国有企业改革的指导意见》，这是新时期指导和推进中国国企改革的纲领性文件。2015 年 12 月，全国商业企业集团工会建设和作用发挥研讨会在广西南宁召开，财贸轻纺烟草工会巡视员王洪泽出席会议，部分省市财贸轻纺烟草工会和上海家乐福、北京首商集团等

30 多家大型商业企业工会的负责人参会。会议学习了《中共中央关于制定国民经济和社会发展第十三个五年规划的建议》和《关于深化国有企业改革的指导意见》，交流了商业企业进一步深化企业改革，推进混合所有制企业员工持股和股权激励机制，建立健全与劳动力市场基本适应、与企业经济效益和劳动生产率挂钩的工资决定和正常增长机制的做法和经验，研究探讨了进一步落实《中华全国总工会关于新形势下加强基层工会建设的意见》，加强商业企业信息员入会工作，稳定商业信息员队伍的办法和途径。2019 年 12 月，商业服务业工会工作交流研讨会在贵阳市召开。会议聚焦新形势下商业服务业工会工作创新发展主题，交流探讨各地在加强商业服务业工会组织建设、重点职工群体（商场信息员、家政服务员、网约送餐员）入会、职工合法权益维护、工会普惠制服务创新、劳动者服务站点建设等方面的做法与经验。

产业集群是工业化过程中的普遍现象，是加快提升我国自主创新能力和国际竞争力的有效组织形式，着力推动产业集群工会组织建设是中国财贸轻纺烟草工会的重要任务。纺织工业是传统的支柱产业和重要的民生产业，产业集群则是我国纺织工业最重要的生产形式和组成部分。2015 年，财贸轻纺烟草工会在对河北、吉林、上海、江苏、浙江、山东、河南、湖南、广东、陕西等省市纺织产业集群进行调查，走访工会和企业的基础上，形成关于纺织产业集群发展和职工劳动经济权益实现及工会工作状况的调研报告。同年 3 月，财贸轻纺烟草工会分党组召开会议，对进一步开展产业集群工会工作进行研究。同月，财贸轻纺烟草工会主席秦鲁隼赴浙江绍兴柯桥区就纺织产业集群工会建设问题进行调研。同年 11 月，全国纺织行业产业集群工会建设推进会在江苏无锡召开，与会代表就新常态下在纺织产业集群开展工会工作的经验和创新实践成果进行了交流分享。财贸轻纺烟草工会副主席杨冬旭出席会议并要求纺织行业各级工会要进一步增强做好产业集群工会工作的责任感；努力探索，大胆实践，积极推进产业集群工会组织建设；突出行业特色，发挥产业集群工会的作用；健全组织体系，推动形成全国、省市产业工会与基层企业工会渠道畅通的组织网络；加强领导，精心组织，推动产业集群工会工作创新发展。

轻工行业产业集群（特色区域）工会建设是财贸轻纺烟草工会积极推动的另一重要领域。2017 年，为进一步推动轻工行业产业集群（特色区域）工会组织建设和作用发挥，财贸轻纺烟草工会赴广东、河北、四川、江苏、河南、福建等省部分轻工行业产业集群（特色区域）实地调查，并召开轻工行业推进产业集群（特色区域）工会建设经验交流会。调查显示，产业集群（特色区域）经济总量占整个轻工行业的 40%，职工人数占行业从业人员总数的 50%以上，发挥了行业引领、区域引领、市场引领和文化引领的作用。但目前轻工行业产业集群（特色区域）存在规划的科学性和政策的连续性有待加强、公共服务平台有待进一步提升、发展水平不均衡、产业集群园区化建设有待提高等问题。同时，部分行业职工队伍老龄化严重、技能人才特别是高技能人才短缺、外来务工人员多、职工流动性大、工会建会率不高、工会发挥作用有限。为此，提出了加快集群内部资源整合、加大政策扶持力度、加强技能人才队伍建设、加快推进产业集群（特色区域）行业工会建设的意见建议。

系统在京央企工会工作是工会工作的重要领域。2020 年 9 月，财贸轻纺烟草工会组织召开系统在京央企工会工作专题座谈会。会议集体学习了全国人大常委会副委员长、中华全国总工会主席王东明在调研财贸轻纺烟草工会座谈会上的讲话精神，各家央企结合自身实际谈了学习体会，交流了工会工作，并对做好全委工作提出意见建议。王倩出席座谈会，指出要把握王东明对产业工会工作提出的新要求，做深做实产业工会重点工作，特别是要持续深入加强产业工人队伍建设改革，在做好“六稳”工作、落实“六保”任务中发挥工会组织作用，做好工会维权维稳工作，不断加强央企工会组织自身建设。中国中化集团、中粮集团、中国五矿集团、中国通用技术（集团）、中国储备粮管理集团、国家开发投资集团、中国诚通控股集团、中国盐业集团、中国国际技术智力合作集团、中国国新控股有限责任公司等10家单位工会有关负责同志参会。

（三）工会干部队伍建设

为了造就一支思想好、业务精、能力强、作风实的工会干部队伍，财贸轻纺烟草工会主动履行政治责任，全面加强工会干部队伍建设，通过多种方式全方位提高干部队伍的政治素质与业务水平，持续激发干部的创新思维与能力，增进干部之间的交流与互动，更好地推进工会工作的深入开展。

一是坚持工会干部培训。通过梳理部分年份的培训情况（见下表），可以发现这些培训具有以下三个特点。特点一是培训对象多元、培训规模大。培训对象主要包括全委会常委、委员及省市产业工会和企业工会干部，培训规模普遍在100人左右。特点二是培训内容丰富、培训手段多样。根据不同历史时期的政治要求和工作需求，开设具有针对性的培训课程，主要包括政治理论教育、具体工会业务、党性教育、干部素质提升等多主题课程。此外根据培训需要，创新培训方式，一方面，开展党性教育，推进现场教学，如2021年培训期间在长辛店二七纪念馆进行现场教学；另一方面，促进学员间的交流，设置分组教学，如2023年培训期间围绕“带来一个有关职工群众权益的热点难点问题”“带来一个工会工作的理论业务问题”开展调查研究，全体学员进行分组讨论。特点三是师资来源广泛。培训师资包括全国总工会机关有关部门、中国劳动关系学院、地方党校、地方工会干部学校的有关领导、老师和党代表、全国劳模、大国工匠等。

二是推进产业工会与企业干部交流。2016 年 6 月，为贯彻落实中央党的群团工作会议精神，按照全国总工会组织部关于各驻会全国产业工会机关和委员、常委单位互派挂职干部工作的统一安排，财贸轻纺烟草工会与中国盐业总公司互派了挂职干部，增进了干部间的了解与沟通，深化了产业工会与公司之间的交流与合作，提高了干部的综合素质与能力。2023 年、2024 年，落实全国总工会“559”工作部署，联系帮扶头部平台企业建会入会、优会强会，财贸轻纺烟草工会向美团、饿了么派出蹲点工作组，并与两家头部平台企业建立互派挂职干部交流制度。

部分年份培训情况简表

年份	地点	主要内容	其他信息
2013	中华全国总工会北戴河疗养院	中国特色社会主义工会发展道路，新型劳动关系下的民主管理工作，当前经济和劳动关系现状及工会对策，当前工会面临的问题及工会工作任务，工资集体协商与集体合同制度，商业发展形势及主要任务等	培训规模近 180 人
2014	内蒙古呼和浩特	学习领会习近平总书记关于工人阶级和工会工作系列重要讲话精神，创新发展产业工会工作，轻工行业经济运行情况及发展趋势，转型背景下的劳动关系与集体协商，和谐劳动关系建设和如何做好产业工会工作等	培训规模 150 余人
2015	湖北省工会干部学校	习近平总书记关于工人阶级和工会工作系列重要讲话精神，解读《中共中央关于加强和改进党的群团工作的意见》《中共中央、国务院关于构建和谐劳动关系的意见》，认识把握经济发展新常态，如何做好行业工资集体协商工作和工会信息工作等	培训规模 118 人

续表

年份	地点	主要内容	其他信息
2016	浙江杭州	突出习近平总书记系列重要讲话精神和党中央关于群团改革重要指示精神，讲授构建和谐劳动关系，工会改革创新，依法治会，产业工会的地位及其作用发挥，区域性行业性工会建设，民主管理与职代会制度，行业集体协商等	培训规模120人，在绍兴市柯桥区中国轻纺城开展现场教学
2017	广东省总工会干部学校	深入贯彻习近平总书记关于工人阶级和工会工作的重要讲话精神、积极推动“四个全面”战略布局，经济热点分析，产业工人队伍建设，在工会改革中推进产业工会创新发展，工会网上工作创新，工会工作方式方法等	培训规模100人
2019	江西省总工会井冈山职工教育培训中心	深入学习习近平总书记关于工人阶级和工会工作的重要论述、推进新时代工会工作创新发展，当前宏观经济形势分析，工会法治与工会劳动法律监督，数字经济：就业、劳动者权益与工会工作，坚持维权维稳相统一、维护职工队伍稳定，井冈山斗争和井冈山精神，中国传统文化与领导智慧等	培训规模99人，开展革命理想信念教育，组织学员赴井冈山烈士陵园敬献花圈，参观井冈山革命历史博物馆
2021	中国劳动关系学院	习近平总书记关于工人阶级和工会工作的重要论述，中国共产党领导下的百年工运，新时期产业工人队伍建设改革，中国劳动关系的现状及趋势，运用法治思维着力推进基层工会规范化建设，如何当好一名合格工会主席（工会工作者），工会干部应有的底线思维和基本素养等	培训规模近100人，开展党性教育，在长辛店二七纪念馆进行现场教学
2023	黑龙江省工会干部学院	深入学习领会习近平新时代中国特色社会主义思想，以党的二十大精神为指引，深入学习贯彻习近平总书记关于工人阶级和工会工作的重要论述，解读产改要义、推动工作创新、打造新时代高素质产业工人队伍，做好新时期工会权益保障工作的几点思考，深入学习贯彻新修改的《工会法》，企业民主管理工作实务，弘扬工匠精神、做好技能传承、锻造国之重器等	培训规模近100人，开展党性教育，在哈尔滨工运历史展览馆进行现场教学

续表

年份	地点	主要内容	其他信息
2024	广东省总工会干部学校	深入学习中国工会十八大精神，当前经济形势分析，产业工人队伍建设改革，基层工会规范化建设，工会法治化，新就业形态劳动者维权服务，和谐劳动关系构建等	培训规模100多人，赴中华全国总工会旧址、省港大罢工纪念馆旧址进行现场教学

（四）工会对外交往

根据全国总工会的工作部署与要求，财贸轻纺烟草工会积极发挥作用，参与港澳台合作交流工作。2012年4月，“2012海峡两岸工会论坛”在台湾高雄举行，论坛主题是“深化ECFA时期工会交流，推动构建和谐劳动关系”，来自海峡两岸工会和劳动界的360多位代表出席了论坛，中国财贸轻纺烟草工会首次组织43人的大陆财贸轻纺烟草职工交流团赴台湾交流。2014年9月22日至28日，应中华两岸劳动关系发展协会邀请，大陆财贸轻纺烟草职工交流团一行35人，赴台湾进行考察交流。在台期间，交流团先后走访了中华两岸劳动关系发展协会、台湾纺织染整业产业工会联合会、台湾烟酒公司工会联合会、大台南总工会、新竹市总工会，参观了台湾善化啤酒厂和内埔烟厂，与台湾工会同仁进行了座谈交流。

开展对外友好交流、加强与各个国家和地区的交流与合作是中国财贸轻纺烟草工会工作的重要内容之一。2013年4月，日本全国纤维化学食品流通服务普通工会同盟（简称UA工会同盟）书记长松浦昭彦、国际局局长乡野晶子一行专程赴京拜会财贸轻纺烟草工会。2014年4月，应日本UA工会同盟邀请，以财贸轻纺烟草工会主席秦鲁隼为团长的中国财贸轻纺烟草工会代表团一行5人对日本进行了友好访问。双方介绍了中日两国的政治经济情况，并围绕各自工会工作、产业发展、劳动就业、社会保障等议题开展了交流。访问期间，秦鲁隼与日本 UA 工会同盟会长逢见直人分别代表两组织签署了友好交流协议。2017 年 5 月 9 日，财贸轻纺烟草工会与来访的 UA 工会同盟代表团进行了会谈。全国总工会副主席、书记处书记、党组成员江广平会见代表团一行并发表了讲话。会谈中，财贸轻纺烟草工会主席王倩和日本 UA 工会同盟会长松浦昭彦分别介绍了两国的政治经济形势、产业状况和工会工作开展情况。双方有关人员就服务流通、餐饮、食品、纺织、制造等行业中共同关心的非正式员工入会、福利待遇、劳动环境及开展技能竞赛、促进产业升级发展等话题进行了广泛的交流探讨。2019 年 5 月 13 日至 17 日，应日本 UA 工会同盟邀请，中国财贸轻纺烟草工会代表团一行 6 人赴日进行了友好访问。代表团与日本 UA 工会同盟主要领导和产业部门负责人进行了会谈。会谈中，两组织分别介绍了中日两国的政治经济情况和当前工会主要工作，并围绕产业发展、劳动就业、社会保障领域面临的挑战和问题等议题开展了广泛交流。代表团赴地方访问时，还与日本 UA 工会同盟大阪分会的主要干部进行了座谈交流，就共同关心的商业新零售发展趋势、互联网和人工智能发展对职工就业及劳动经济权益影响等内容进行了探讨。2024 年 8 月，财贸轻纺烟草工会接待来访的日本永旺集团工会联合会代表团，参访了京东集团、王府井集团。

此外，2012 年，财贸轻纺烟草工会参加经济全球化与工会国际论坛，参加中国工会代表团对俄罗斯、比利时、德国 3 国的正式对外友好访问。以中国财贸轻纺烟草工会主席王晓峰为团长的中国工会职业技能培训团赴德国进行为期 20 多天的学习培训，与来访的美国变革谋胜利工会、日本服务流通工会、巴西工会访华代表团等进行友好交流。2013 年 7 月，由财贸轻纺烟草工会与全国总工会国际联络部联合举办的全国总工会/国际劳工组织纺织行业工资制定政策研讨会在吉林省吉林市召开。来自国际劳工组织、全国总工会保障工作部、中国工运研究所的专家和全国 14 个省（区、市）的产业工会、企业工会的 40 多名代表参加了会议。2014 年 9 月，由财贸轻纺烟草工会与全国总工会国际联络部联合举办的全国总工会/国际劳工组织纺织行业节能减排、促进绿色就业、实现可持续发展国际研讨会在青海西宁召开。与会代表就行业节能减排、促进绿色就业和企业可持续发展等方面内容进行了广泛深入的研讨。来自国际劳工组织、全国总工会经济技术部、国家环保部清洁生产中心、中国纺织工业联合会、中国印染行业协会的专家和全国 11 个省（区、市）的产业工会、地方工会、企业工会的 40 多名代表参加了会议。

后　记

在中华全国总工会成立百年之际，《中国工运通史 财贸轻纺烟草工会卷》正式付梓。

全书由中国财贸轻纺烟草工会联合中国劳动关系学院的专家学者共同完成。具体分工：第一编，郭宇强；第二编，郭辉；第三编，艾崴；第四编，艾崴、郭宇强、王东峰；全书统稿，郭宇强、艾崴；李玲燕参与了交流研讨、评审论证等会议组织工作。中国财贸轻纺烟草工会有关领导高度重视全书的编写，多次听取汇报、提供指导意见。中国劳动关系学院戴文宪教授、杨冬梅教授、叶鹏飞教授等对具体内容进行了指正，在此表示衷心感谢！

编写过程中，编写人员系统学习借鉴了《中国工会运动史料全书》《中国工会年鉴》以及中国工人运动史、财贸工会史、纺织工会史、轻工业工会史、百货商业史等方面的研究文献，参考了中国财贸轻纺烟草工会众多的文件档案。由于全书内容时间跨度大、行业覆盖广、编写人员水平有限等，书中难免出现不当或不周之处，期待广大读者予以批评指正。

本书编委会
2025 年 3 月